# KOMMUNIKATION
# im Tourismus
## Kursbuch



GOETHE-INSTITUT FRAUS Cornelsen

**KOMMUNIKATION**
**IM TOURISMUS**
Kursbuch


| | |
|---|---|
| Autorin: | Dorothea Lévy-Hillerich |
| Unter Mitwirkung von: | Bożena Bochenek<br>Antoni Jankowski<br>Elżbieta Król<br>Ewa Luba<br>Teresa Majka-Karska<br>Anna Malinow<br>Grazyna Wiercimok |
| Koordination und Projektleitung: | Monika Veldenz-Dunne, Goethe-Institut |
| Fachberatung: | Mag.-phil. Helmut Strondl, Wien |
| Redaktion: | Monika Veldenz-Dunne, Goethe-Institut<br>Robert Fallenstein, Goethe-Institut<br>Dr. Bernd Schneider, Goethe-Institut<br>Busa Istvánné, Budapest<br>Julia Lorenz, freie Mitarbeiterin |
| Zeichnungen: | Blanka Łątka, Josef Pospíchal |
| Fotos: | siehe Quellenverzeichnis, Seite 149 |
| Klärung der Rechte an Texten und Bildern: | Germano Re |
| Verlagsredaktion: | Mgr. Jitka Staňková |
| Bildredakteur: | Bohdan Štěrba |
| Grafische Gestaltung des Umschlags: | Jana Šrámková |
| Umschlagfotografie: | Archiv des Verlags FRAUS |
| Grafik und Layout: | Olga Matulová |
| Bestandteile des Lehrwerks: | Lehrbuch<br>Lehrerhandbuch<br>CD mit Hörtexten |
| | Dieses Werk folgt der seit dem 1. August 1998 gültigen Rechtschreibung. |
| Gemeinsame Ausgabe von: | Nakladatelství Fraus, Plzeň, CZ<br>Coornelsen Verlag, Berlin, D<br>Printed in the Czech Republic |
| 3. 4. 5. 6.<br>2017 2018 2019 2020 | die ersten Ziffern bezeichnen Zahl und Jahr des Druckes |





1. Auflage
ISBN 80-7238-437-6 (Nakladatelství Fraus)
ISBN 3-464-21233-5 (Cornelsen Verlag)

Wir freuen uns, Ihnen das Lehrwerk
**„Kommunikation im Tourismus"**
vorlegen zu können. Es kann ab dem Niveau B1 des Gemeinsamen Europäischen Referenzrahmens eingesetzt werden. Es ist gedacht für Deutschlernende an Berufs- und Fachschulen, Fachmittelschulen, Postabiturklassen und Fachhochschulen mit der Fachrichtung Tourismus.

Im Mittelpunkt des Lernprozesses steht die berufliche Handlungskompetenz durch den Erwerb von Fachwissen, Methodenkompetenz und Sozialkompetenz an Beispielen aus dem Tourismus. Behandelt werden in den einzelnen Lektionen: Gespräche an der Rezeption, Arbeit in der Küche, Restaurant, Reisebürogründung, Touristikmessen und -börsen, Weinbau, Bewerbung. Die Lektionen können als Bausteine unabhängig voneinander eingesetzt werden. Die Vorlektion enthält eine Einführung in die Arbeit mit dem Lehrwerk.

Zu dem Lehrwerk gehören noch ein Lehrerhandbuch und eine CD mit Hörtexten. Außerdem finden Sie im Internet unter www.fraus.com/professional_communication.html Spiele, mit denen Sie im Unterricht arbeiten können. Wir wünschen Ihnen Freude und Spaß mit diesem Lehrwerk und viel Motivation und Erfolg.

München, im März 2005
Die Autoren und die Redaktion

## Übersicht der Piktogramme:

Orientierendes Lesen

Selektives Lesen

Totales Lesen

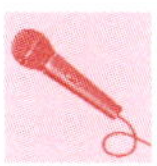
Sprechen

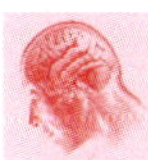
Erinnern

Merke!

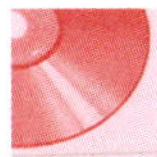
Hören

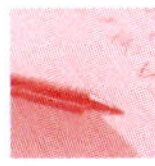
Schreiben

Markieren

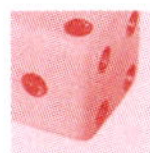
Spiel

Partnerarbeit

Gruppenarbeit

Quartett spiel

# Essen und Trinken in vielen Ländern

**www.fraus.com**

## Spielen im Unterricht und anderswo – warum?

### Spiele

- erweitern Ihr „kulturelles und landeskundliches Wissen"
- machen Spaß; denn beim Spielen brauchen Sie keine Angst zu haben, Sie könnten blamieren. Sie werden nicht benotet, Hemmungen verschwinden einfach im Eifer des Gefechts. Ihre durch reine Kopfarbeit angestaute Energie kann sich Luft machen in Aus- und Zurufen; es wird gelacht, geschummelt und sich geärgert, aber eben nicht „echt", sondern nur über den Zufall, das Glück oder Pech im Spiel.
- fördern Ihre Selbstständigkeit, Ihre Lern- und Arbeitsstrategien; innerhalb der Spielgruppen findet Selbststeuerung statt. Sie sprechen in eigener Sache.
- können Körpersprache und nonverbale Elemente einbeziehen und entwickeln
- erziehen auch zur Kooperationsbereitschaft, vor allem dann, wenn die Spiele vom Lehrer so vorausbedacht und organisiert werden, dass nicht ein Spieler allein Gewinner

oder Verlierer sein kann, sondern immer mindestens zwei zusammen für ihren Spielerfolg verantwortlich sind. Sie, die Spielenden, müssen auch lernen, sich durchzusetzen, sogar gegen Schummler, und mit erklärten Spielverderbern müssen sie gemeinsam mit der Gruppe fertig werden.

## C-a-f-f-e-e

Melodie und Text: Karl Gottlieb Hering (1766–1853)

# Vorlektion

## Herzlich willkommen im Band „Kommunikation im Tourismus“

Kommunikation im Tourismus ist Ihr Ziel? Kein Problem – das können Sie schaffen, wenn Sie wissen, wie Sie lernen müssen. Deswegen stellen wir Ihnen in der Vorlektion einige Strategien, Techniken und Tipps für das Lesen, Hören, Schreiben und Sprechen, aber auch für Grammatik und Wortschatz vor. Und da Lernen kommunikativ sein und Spaß machen soll, werden Sie meist zu zweit oder in Gruppen und im Spiel lernen. Einige Tipps, um Gelerntes besser zu behalten, wird Ihnen jeweils der „Koffer“ geben. Viel Spaß und Erfolg!

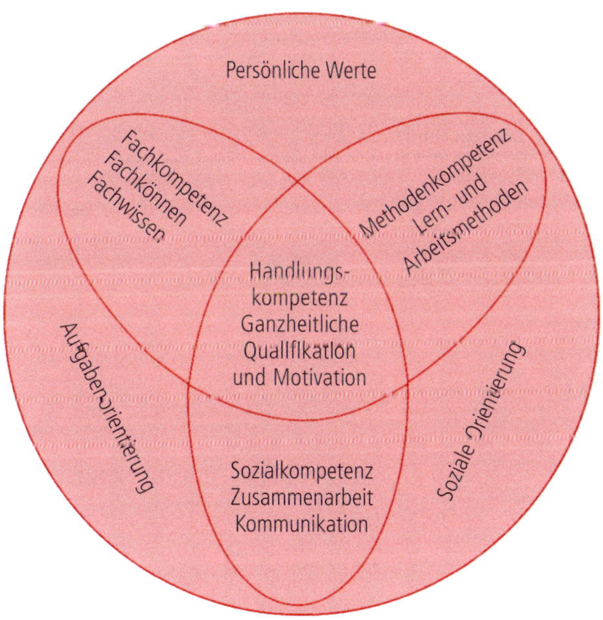


Das „Lernkonzept der Handlungskompetenz“ bildet den Lernhintergrund für dieses Lehrwerk. Wir möchten Ihnen nämlich nicht nur das Fachwissen, Vokabular und Können für Arbeitsbereiche im Tourismus vermitteln, sondern auch das Wissen, **wie** Sie methodisch und erfolgreich **mit und von anderen lernen** können. Schauen Sie sich dazu das Modell einmal genauer an.

*Siemens AG, 1995*

## Lerntipps zum Lesen

info

1. Sie wollen wissen, ob der Text für Sie wichtige Informationen enthält und wichtige Fragen und Probleme behandelt? Überfliegen Sie den Text. Nehmen Sie das **Flugzeug**: **Orientierendes** Lesen.
2. Sie suchen ganz bestimmte Hauptinformationen wie Namen, Zahlen, Internationalismen. Nehmen Sie die **Taschenlampe**: **Selektives** Lesen.
3. Sie wollen ganz genau wissen, was in dem Text steht? Lesen Sie den Text Zeile für Zeile und Wort für Wort. Nehmen Sie die **Lupe**: **Totales** Lesen.

### Ringhotels
### Willkommen in der Welt der Ringhotels

**1** *Unterstreichen Sie in den Auszügen aus einem AOK-Prospekt alles, was Sie verstehen.*

RINGHOTELS

*Willkommen in Ringhotel Residenz* ★★★★

Unser Haus ist Mitglied der Ringhotels – der größten deutschen Hotelkooperation. Rund 150 Hotels in ganz Deutschland und in Österreich freuen sich, Ihnen etwas zu schenken, was in der modernen Hotellerie nicht mehr selbstverständlich ist: Gastlichkeit, die von Herzen kommt.

**Übersichtlich:**
Im Reiseplaner und auf der **Ringhotels-Landkarte** finden Sie alle Ringhotels auf einen Blick.

**Abwechslungsreich:**
Unsere Sonderbroschüren **WohlGefühl**, **KulTour** und **NaturErlebnis** bieten Ihnen Ringhotels-Reisen mit dem gewissen Extra.

**Reizvoll:**
**Rundreisen** von Ringhotel zu Ringhotel

**Schnell und direkt:** Jedes Ringhotel ist unter www.ringhotelsweb.de weltweit und ohne Zeitverzögerung buchbar.

**Bequem und sicher:** Die Haus-zu-Haus-Reservierung. Ihr direkter Draht zu rund 150 Ringhotels:

**Ringhotels-Service-Zentrale**
Belfortstraße 6-8, D – 81667 München
Tel.: 089 / 458703-0
Fax: 086 / 458703-31
E-Mail: info@ringhotels.de Internet: www.ringhotelsweb.de

**2** *Haben Sie in Aufgabe 1 alle Zahlen, Ortsnamen, Eigennamen unterstrichen? Ergänzen Sie die Tabelle.*

| Name, Anzahl, Orte | Kontakte | Service und Sonderleistungen | Merkmale (Adjektive mit Ergänzungen) |
|---|---|---|---|
| | | | |

LernTipp
LernTipp

**Eigennamen, Ortsnamen, Zahlen, Internationalismen, Fettgedrucktes, Bilder sind Schlüssel zum selektiven Lesen.**

3 *Lesen Sie sich den Text zuerst einmal durch. Lesen Sie ihn dann noch einmal und kreuzen Sie an, ob die Aussagen im Text stehen, Ja oder Nein.*

## „Karlsruhe – Fächer der Sehenswürdigkeiten"

Badische Metropole, Zentrum für Kunst, Wissenschaft und Kultur mit internationalem Publikum. Umgeben von Wäldern, Schlössern, Burgen und historischen Städten!

**Wir empfehlen Ihnen:**

- Bummel durch Stadtgarten und Zoo – ein Erlebniszentrum für Jung und Alt
- Stadtrundfahrt oder Stadtrundgang
- Besuch der Kunsthalle und verschiedener Museen
- ZKM, Zentrum für Kunst und Medientechnologie
- Besichtigung der staatlichen Majolika-Manufaktur
- Rheinfahrt mit der „Karlsruhe"
- Opern-, Theater- oder Konzertbesuch im Staatstheater
- Ausflüge ins Albtal, Murgtal und ins Elsass

| | | JA / NEIN |
|---|---|---|
| **1a** | Karlsruhe ist die Metropole von Baden. | ☐ ☐ |
| **1b** | Karlsruhe ist eine Kunst- und Medienstadt. | ☐ ☐ |
| **1c** | Karlsruhe hat einen großen Tiergarten. | ☐ ☐ |
| **1d** | Markgraf Karl Wilhelm hat Karlsruhe 1715 wie einen Fächer geplant. | ☐ ☐ |
| **2a** | Man kann mit dem Schiff „Karlsruhe" eine Rheinfahrt machen. | ☐ ☐ |
| **2b** | Die Fahrten mit Bus und Straßenbahn sind kostenlos, wenn man das Karlsruhe-Scheckheft kauft. | ☐ ☐ |
| **2c** | Von Karlsruhe aus ist es nicht weit in den Schwarzwald. | ☐ ☐ |
| **2d** | Karlsruhe ist eine lebendige Stadt mit Museen, Kunsthalle, Staatstheater. | ☐ ☐ |

## Lerntipps zum Hören

1. Die **CD** ist das Piktogramm für das Hören.
2. Sie aktivieren Ihr Vorwissen, indem Sie z. B. Informationen und Fragen, die sich auf eine Aufgabe beziehen, immer **vor** dem Hören lesen.
3. Hören Sie die Texte ein- bis dreimal und lösen sie die Aufgaben, zum Beispiel durch Ankreuzen, Sätze verbinden oder Raster ausfüllen.

4

*Sie hören jetzt Last-Minute-Angebote. Lesen Sie zuerst die Aussagen. Hören Sie dann die Angebote und prüfen Sie: Haben Sie das gehört, Ja oder Nein.*

| | | JA/ | NEIN |
|---|---|---|---|
| **1** | **Städtefahrt nach Italien** | | |
| **A** | Die modernen Reisebusse verfügen auch über einen Getränkeservice und Liegesitze. | ☐ | ☐ |
| **B** | Die Kunsthistoriker sind natürlich Italiener. | ☐ | ☐ |
| **C** | In der Pauschale von 320 Euro ist ein üppiges Frühstück inbegriffen. | ☐ | ☐ |
| **2** | | | |
| **A** | Das Swissôtel verfügt über 250 komfortabel eingerichtete Zimmer und Suiten. | ☐ | ☐ |
| **B** | Das Rheinpark Congress Centrum ist direkt mit dem Hotel verbunden. | ☐ | ☐ |
| **C** | Mehr können Sie über die www-Adresse erfahren. Buchen können Sie über die E-Mail-Adresse. | ☐ | ☐ |

## Lerntipps zum Schreiben

1. Der **Kugelschreiber** ist das Piktogramm für das Schreiben.
2. In den Sprachbaukästen geben wir Ihnen zu jeder Aufgabe Beispiele wie Satzanfänge, Satzübergänge oder Redemittel. So helfen wir Ihnen, textsortengerecht zu schreiben.

**5** *Schreiben Sie an die Ringhotels-Service-Zentrale und bitten Sie um Prospektmaterialien in deutscher Sprache über diese Hotelkette. Beachten Sie die Regeln für die äußere Form. Der Sprachbaukasten hilft Ihnen.*

Name und Adresse:
Fachmittelschule für
Hotelwesen und Tourismus
„...................................“ 25.02.20....

An die .......................
.................................

Sehr geehrte Damen und Herren,

wir sind Schülerinnen und Schüler / Studentinnen und Studenten
einer / der ......... Schule / Hochschule / Fakultät für ......... in.
Wir interessieren uns für ......... .
Im Deutschunterricht sprechen wir im Moment über ......... .
Wir brauchen Informationsmaterialien über ......... .
Bitte schicken Sie uns ......... .

Wir danken Ihnen für Ihre Hilfe.

Mit freundlichen Grüßen

Unterschrift
Name

## Wortschatz erwerben und behalten

Sehen Sie sich die folgenden Bilder an.
**Wir behalten und nehmen auf:**

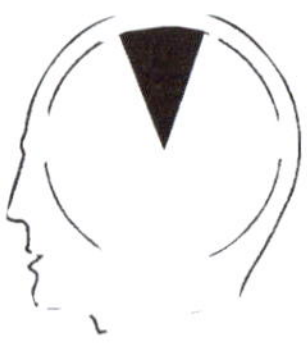

10% von dem, was wir lesen.

20% von dem, was wir hören.

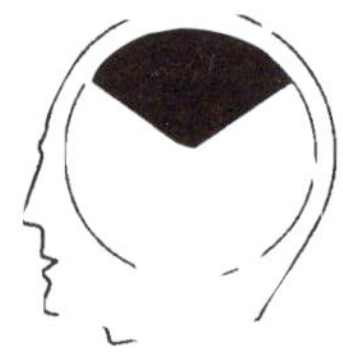

30% von dem, was wir sehen.

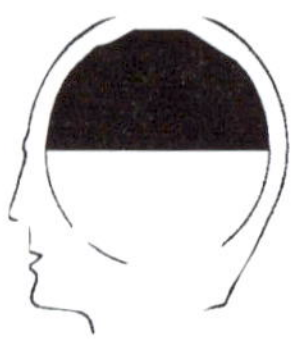

50% von dem, was wir hören und sehen.

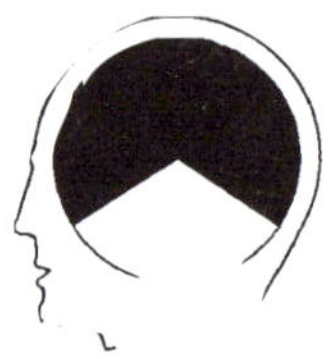

70% von dem, was wir selbst sagen.

90% von dem, was wir selbst tun.

## Zu einem Thema Wörter sammeln und ordnen

**LernTipp**

Wörter sammeln und ordnen bedeutet Wörter besser lernen und behalten.

*Sortieren Sie die Wörter. Die Oberbegriffe helfen Ihnen.*

| Küche | Reisebüro | Touristik-Messen |
|---|---|---|
| | | |
| | | |
| | | |
| | | |
| | | |
| | | |

- Hallenplan
- Speck erhitzen
- im eigenen Saft
- Informationsstand
- Internationale Touristikbörse
- Messeanzeigen
- Reisebüroberater
- Grill
- Prospektständer
- Kochtopf
- Beschwerde
- Sonderschau Türkei
- Reisebestätigung
- Flusskreuzfahrten
- Küchenhygiene

## Lerntipps zur Grammatik

Sie lernen Grammatik nach dem **S – O – S** System, d. h.
**S** – **S**ammeln: Sie sammeln, unterstreichen und listen neue Formen auf.
**O** – **O**rdnen: Sie machen eine Tabelle und ordnen die Formen ein.
**S** – **S**ystematisieren: Sie vergleichen die Formen in der Tabelle und können schnell die Regel erkennen.

i

**LernTipp**

**Regeln selbst erkennen und formulieren hilft, Regeln besser zu lernen und zu behalten.**

**S – O – S Sammeln – Ordnen – Systematisieren**

| **schwache Verben**<br>**-t** | **Starke Verben**<br>**-en** |
|---|---|
| **ge -t**<br>fragen ➜ gefragt | **ge -en**<br>singen ➜ gesungen |
| **trennbare Verben: -ge -t**<br>aufpassen ➜ aufgepasst | **trennbare Verben: -ge -en**<br>abwaschen ➜ abgewaschen |
| **untrennbare Verben: -t**<br>ergänzen ➜ ergänzt | **untrennbare Verben: -en**<br>zerbrechen ➜ zerbrochen |
| **Verben auf -ieren: -t**<br>sortieren ➜ sortiert | |

## Zusammen lernen

Im **„Lernkonzept der Handlungskompetenz"** haben Sie gesehen, dass **Sozialkompetenz** sehr wichtig ist, z. B. in Form von **Zusammenarbeit** und **Kommunikation**. Diese Kompetenz wird in Ihrem Lehrbuch von Anfang an systematisch trainiert, und zwar in der Art und Weise der Aufgabenstellungen, durch Bewusstmachen von Lerntechniken und schließlich durch Hinweise und Erklärungen bestimmter Arbeitsmethoden in dem **„Koffer"**.

Beispiele für solche Aufgabenstellungen sind:
- Rollenspiele
- Projektarbeit
- kreatives Schreiben

info

## Informationen erfragen

**Wer fragt, der führt!**

**W-Fragen**

| | | | | | | | |
|---|---|---|---|---|---|---|---|
| Warum?<br>Wieso?<br>Weshalb? | Wofür?<br>Womit?<br>Wozu? | Wo?<br>Wohin?<br>Woher? | Wer?<br>Was? | Wann? | Was für einer?/<br>Was für eine?/<br>Was für ein? | Welcher/<br>Welche/<br>Welches? | Wie? |

| Offene Fragen – Offene Antworten | Geschlossene Fragen – Ja- / Nein-Antworten |
|---|---|
| – Was kann ich für Sie tun?<br>– Wie kann ich Ihnen helfen? | – Kann ich Ihnen helfen? |
| – An was für eine Reise denken Sie denn? | – Wollen Sie nach Ägypten fahren? |
| – Was darf die Reise ungefähr kosten? | – Die Reise soll sicher billig sein? |
| – An welches Zielland und an welche Daten haben Sie gedacht? | – Haben sie denn genug Zeit? |

**Merke:**
Bei geschlossenen Fragen ist die Gesprächsphase schnell zu Ende.

**LernTipp**

Verben und Präpositionen zusammen lernen = noch mehr W-Fragen stellen können

## Informationen suchen und nachschlagen

Was kann Ihnen helfen Ihr Deutsch zu verbessern?

**Beispiele:**
- zweisprachige Wörterbücher
- Nachschlagewerke (z. B. Rechtschreibung, Grammatik…)
- Online-Wörterbücher
- Zeitungen, Zeitschriften, Hörfunk, Fernsehen

Zusätzliche Hilfen in diesem Lehrwerk:
- eine alphabetische Wortliste (mit Übersetzungen in verschiedenen Sprachen)
- Lerntipps
- Koffer (methodische Hilfen)

## Mit Sprache spielen

Mit Sprache spielen bedeutet in diesem Buch, mit Gedichten, Liedern, Redewendungen, aber auch Spielen wie Kreuzwort- und Silbenrätseln, Rollen- und Quartett-Spielen zu lernen.

**7** **a** *In der Wörterschlange haben sich Verben aneinandergereiht, die etwas mit Tourismus zu tun haben. Welche sind es?*

**7** **b** *Hören und lesen Sie das Gedicht von Hans Magnus Enzensberger.*

**Windgriff**

Manche Wörter
leicht
wie Pappelsamen

steigen
vom Wind gedreht
sinken

schwer zu fangen
tragen weit
wie Pappelsamen

manche Wörter
lockern die Erde
später vielleicht

werfen Sie einen Schatten
einen schmalen Schatten ab
vielleicht auch nicht

*Hans Magnus Enzensberger*

## Koffer

### Methoden- und Sozialkompetenz erwerben

Zukunftsorientiert und innovativ sein. Eine neue Produktpalette für den europäischen Markt entwickeln, präsentieren und vermarkten.

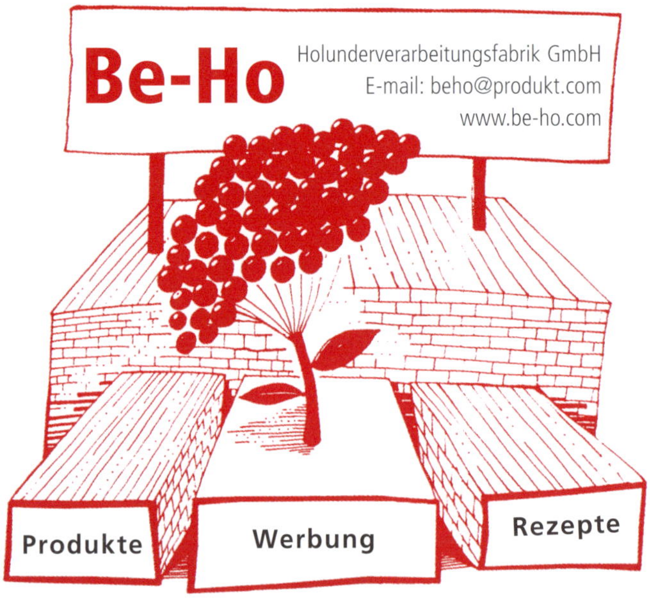


**8** *Versuchen Sie herauszufinden, was Be-Ho in seiner Produktpalette hat. Vielleicht können Sie diese Palette noch erweitern – das Spiel zum Herunterladen finden Sie unter www.fraus.com.*

**9** *Schneiden Sie dann die Puzzle-Teile aus dem Spielblatt aus und bringen Sie diese in eine präsentierbare Form, z. B. für einen Stand bei der nächsten Anuga Food Tec in Köln.*

*oder für die Speisekarte im Restaurant*

*oder für die Cocktailkarte in der Gaststätte*

**10** *Schreiben Sie dann einen Einladungsbrief zu einem Kostproben-Treff an Ihrem Stand bei der ITB Berlin (Internationale Tourismus-Börse im März).*

**11** *Bitten Sie die Teilnehmer an Ihrer Vorführung um Fragen und Verbesserungsvorschläge.*

# Lektion 1

# Rund um die Rezeption

## Einstieg
## Berufsbild: Hotelassistent

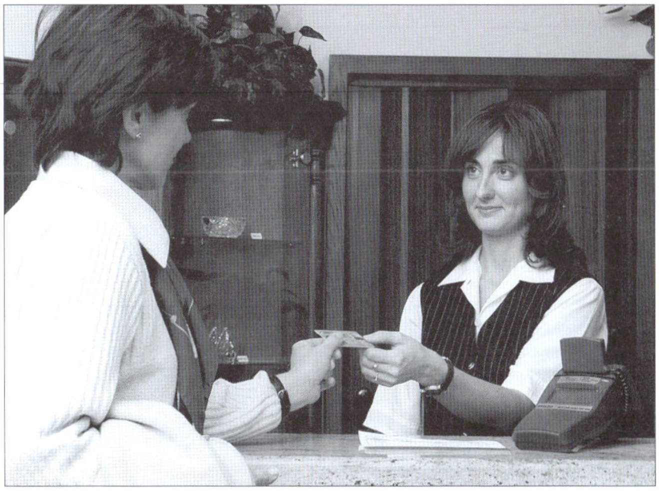

**Welche Voraussetzungen muss man für die Ausbildung als Hotelfachassistent/ Hotelfachassistentin mitbringen?**

Stellen Sie sich einen Hotel-Haushalt mit zwanzig, fünfzig oder hundert Gästezimmern vor. Hier sind Sie Gastgeber oder Gastgeberin. Sie bringen die Zimmer in Ordnung, pflegen die Wäsche, versorgen Blumen und Zimmerpflanzen, kontrollieren die Warenvorräte, bereiten Frühstück oder Getränke vor. Oder Sie sind am Empfang, em-p-fangen die Gäste, geben Auskunft, schreiben Speisekarten oder machen Inventur. Kurz, Sie sind treppauf, treppab gefragt und für alle im Haus unentbehrlich: für die Küchenmannschaft, das Reinigungs-personal, die Kolleginnen und Kollegen im Service und natürlich für die Gäste.

**a** *Welche Voraussetzungen sollte man in diesem Berufsfeld mitbringen? Entscheiden Sie.*

| Hotelfachassitent/-in<br>Hotelfachmann/-frau | weniger wichtig | wichtig | sehr wichtig |
|---|---|---|---|
| Flexibilität | | | |
| Fitness | | | |
| Freundlichkeit | | | |
| Hilfsbereitschaft | | | |
| Kollegialität | | | |
| Spontaneität | | | |
| Zuverlässigkeit | | | |
| gute Umgangsformen | | | |
| Fremdsprachenkenntnisse | | | |
| gepflegte Erscheinung | | | |

**b** *Arbeiten Sie zu zweit. Suchen Sie Beispiele für diese Voraussetzungen.*

**Beispiel:** Was heißt Kollegialität?
Sie müssen für einen Kollegen einspringen, wenn er krank wird.
*Oder:* Auch wenn ein Kollege etwas falsch macht, zeigen oder sagen Sie ihm in einem persönlichen Gespräch, wie man das ändern kann.

**c** *Entwerfen Sie für das Team der Hotelassistenten im Hotel „Vierländereck" die passende Kleidung. Die besten Entwürfe kommen an die Wandzeitung.*

## A Gespräche an der Rezeption

Gerade eben ist ein Reisebus mit 30 Personen aus Deutschland vorgefahren. Sind alle reservierten Zimmer bereit? Sie begrüßen die müden Gäste ganz herzlich, dann müssen Sie die Anmeldelisten kontrollieren, Zimmerschlüssel verteilen, Fragen beantworten:

- Gibt es im Hotel eine Sauna?
- Kann man auch vegetarisch essen?
- Wo ist der nächste Friseur?
- Wo wartet der Bus für die Stadtrundfahrt?
- Möchte jemand Schmuck und Wertsachen deponieren?

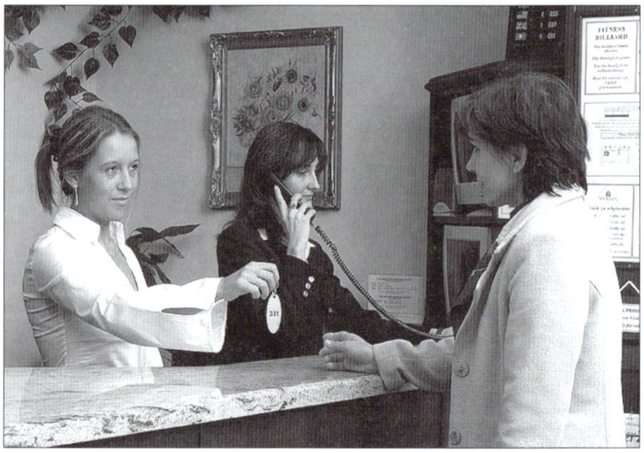

Die Gäste schätzen Ihre Geduld, Freundlichkeit und Hilfsbereitschaft, auch wenn Ihr Deutsch nicht ganz perfekt ist.

**LernTipp**

Ein guter Hörer ist ein aktiver Hörer.
Er bereitet sich vor.

**a** *Sie müssen als guter Rezeptionist den Gast richtig ansprechen können. Aus dem authentischen Gespräch haben wir Ihnen die Antworten des Gastes abgedruckt. Schreiben Sie das, was der Rezeptionist sagen könnte, in die leeren Zeilen. Hören Sie dann das Gespräch zweimal. Waren Ihre Vorschläge richtig?*

**An der Rezeption**

**R**ezeptionist: .................................................................................................... .
**G**ast: Ich hätte gern ein Einbettzimmer mit Bad. Haben Sie noch was frei?
**R:** .................................................................................................... .
**G:** Fünf Tage. Aber es kann auch sein, dass ich länger bleibe.
**R:** ....................................................................................................
.................................................................................................... .
**G:** Nichtraucher, bitte.
**R:** .................................................. Reisepass .................................................. .
**G:** Natürlich, hier bitte.
**R:** .................................................................................... Anmeldeformular
................................ .
**G:** Soll ich alles ausfüllen?
**R:** ....................................................................................................
.................................................. Hier bitte. ..................................................
.................................................................................................... .
**G:** Ja, und was ist mit meinem Pass?
**R:** .................................................................................................... .
**G:** Nein, danke, ich komme schon selbst zurecht.
**R:** .................................................................................................... .
**G:** Nein, vielen Dank!
**R:** .................................................................................................... .

**b** *Ordnen Sie zu!*

| | |
|---|---|
| Karten | verlassen |
| Rechnung | bestellen |
| Auskunft | umtauschen/wechseln |
| Geld | reservieren |
| Meldekarte | bestätigen |
| Zimmer | erteilen |
| Reservierung | ausfüllen |
| Mietwagen | begleichen |
| Aufenthalt | erfüllen |
| Ankunft | verkürzen/verlängern |
| Hotel | besorgen |
| Wünsche | begrüßen |
| Gast | zuweisen |
| | informieren |

1 **c** *Ordnen Sie die Piktogramme zu.*

**1** information – Information – Information/Auskunft

**2** cooperation with travelagency – Coopération avec agence de voyage – Zusammenarbeit mit dem Reisebüro

**3** parking facilities – Stationnement – Parkplatz (hauseigen)

**4** garage – Garage – Eigene Garage

**5** conference room – Salle de conférence – Konferenzraum

**6** private swimming pool – Piscine – Schwimmbad im Haus

**7** elevator – Ascenseur – Lift

**8** suitable for wheelchairs – Accessible aus handicaps – Einrichtungen für Behinderte

**9** sauna – Sauna – Sauna

**10** pets welcome – Animaux acceptés – Hunde erlaubt

A B C D E F G H I J

**Ein guter Rezeptionist sollte:**
- den Gast professionell empfangen
- die Gäste mit einem Lächeln begrüßen
- immer höflich, freundlich, aufmerksam und zuvorkommend sein
- in schwierigen Situationen und bei Problemen die Kontrolle behalten
- dringende Gästebedürfnisse erkennen und nach Möglichkeit erfüllen
- das Dienstliche/Berufliche vom Privaten trennen
- den Gast immer mit seinem Namen ansprechen

2 **a** *Sie sind ein guter Rezeptionist. Wie reagieren Sie in folgenden Situationen?*

**Beispiel:** **G**ast: Ich habe für heute Abend ein Zimmer reserviert.
**R**ezeptionist: Ihren Namen, bitte. oder: Auf welchen Namen wurde das Zimmer reserviert?

**A**
**G:** Ich möchte meinen Aufenthalt verlängern.
**R:** ............................................................................................................................................ .

**B**
**G:** Ist Post für mich da?
**R:** ............................................................................................................................................ .
**G:** Limbach.
**R:** ............................................................................................................................................ .

**C**

**G:** Die Nachttischlampe brennt nicht. Könnten Sie jemanden auf mein Zimmer schicken? Zimmer 112.

**R:** ................................................................................................................................ .

**D**

**G:** Ich würde gern ins Theater gehen. Könnten Sie mich über das Programm informieren und eventuell Karten besorgen?

**R:** ................................................................................................................................ .

**E**

**G:** Wo kann ich meine Jacke reinigen lassen?

**R:** ................................................................................................................................ .

**F**

**G:** Ich möchte einen Abstecher in die Umgebung von Tübingen machen und brauche dazu einen Mietwagen. Kann ich in Ihrem Hotel ein Auto mieten?

**R:** ................................................................................................................................ .

**G**

**G:** Ich erwarte zwei Geschäftsfreunde. Ich möchte sie in meinem Zimmer empfangen. Ich brauche zu diesem Zweck ein kleines Büffet. Könnten Sie das organisieren?

**R:** ................................................................................................................................ .

**H**

**G:** Im Nebenzimmer ist es ziemlich laut. Ich bin müde und möchte schlafen. Lässt sich da etwas machen?

**R:** ................................................................................................................................ .

**b** *Hören Sie jetzt die Gespräche und vergleichen Sie die Antworten.*

**c** *Spielen Sie anhand der Angaben kleine Dialoge.*

**A** Sie sind Rezeptionist/-in. Das Hotel ist ziemlich belegt. Folgende Zimmer sind noch frei: Zwei Doppelzimmer mit Bad, Preis 60 Euro pro Nacht. Drei Einbettzimmer mit Dusche, Preis 50 Euro pro Nacht. Der Gast kommt gegen 21 Uhr.

**B** Sie wollen eine Suite für zwei Tage. Informieren Sie sich im Hotel „Vierländereck", ob sie etwas Entsprechendes haben.

**3** *Der Empfangschef kontrolliert, ob alle Aufträge erledigt wurden. Beantworten Sie seine Fragen.*

**Beispiel:**
Ist das Zimmer schon fertig? (machen) – Das Zimmer wird gerade gemacht.

**1** Ist das Taxi schon da? (bestellen)
**2** Funktioniert die Heizung wieder? (reparieren)
**3** Ist die Rechnung fertig? (schreiben)
**4** Wo sind die Koffer? (bringen)
**5** Sind die Karten schon da? (abholen/holen)

**4** **a** *Ergänzen Sie das Gespräch der beiden Azubis an der Rezeption. Spielen Sie dann ähnliche Minidialoge.*

**1 A** Weißt du, wann der Reisebus aus Ungarn ankommt?
**B** Hier steht: Ankunft gegen 20 Uhr.

**2 A** Weißt du, ......... die Anmeldeformulare .........?
**B** Im zweiten Fach links.

**3 A** Weißt du, ......... Vorstellung Frau Reiser Karten möchte?
**B** Für "Wilhelm Tell" von Schiller, Morgen um 20 Uhr in der Schaubühne.

**4 A** Weißt du, ......... heute Abend Nachtdienst .........?
**B** Ich glaube, der Peter.

**4** **b** *Ergänzen Sie die Dialoge.*

**1 Rezeptionist:** ...............................................................
**Gast:** Ich möchte ein Zimmer in der Nichtraucheretage.

**2 G:** ...............................................................
**R:** Ihr Gepäck können Sie unten im Gepäckraum lassen.

**3 R:** Haben Sie die Meldekarte schon ausgefüllt?
**G:** ...............................................................

**4 R:** Wann wollen Sie geweckt werden?
**G:** ...............................................................

**5 R:** Wer hat das Zimmer für Sie bestellt?
**G:** ...............................................................

**6 G:** ...............................................................
**R:** Wir haben die Reservierung leider nicht bekommen.

**7** **R:** Brauchen Sie einen Beleg/eine Quittung?
**G:** ..........................................................................................................

**8** **R:** Hoffentlich hat es Ihnen bei uns gefallen?
**G:** ..........................................................................................................

**5** **a** *Lesen Sie sich den Dialog einmal durch. Hören Sie dann das Gespräch und ergänzen Sie die Lücken.*

**A** Guten Tag, was kann ich für Sie tun?

**B** Guten Tag, ich komme aus Stockholm.

**A** Sind sie .............................................................................. ?

**B** Ja, ich habe per Fax .............................................................. gebucht.

**A** ................................................................................., bitte.

**B** Peter Petersen.

**A** Ja, hier habe ich Ihre Reservierung. Sie bleiben sechs Nächte, stimmt das?

**B** Ja, ........................................................................... dauert fünf Tage.

**A** Hier .......................................................................... bitte und hier die ............................................. ........................................, Herr Petersen. Mit dieser Karte können Sie immer ........................................ ........................................... abholen.

**swissôtel** DÜSSELDORF / NEUSS

**Hotelanmeldung**
Herzlich Willkommen
Velcome • Bienvenue

*Zimmernummer:*

*Anreise (arr.):* *Abreise (dep.):* *Personen:* *Rate: EUR*

*Name:* *Vorname (first name):*

*Straße (street):*

*PLZ, Ort (ZIP, city):*

*Land (state, country):*

*Nationalität (nationality):* *Geburtsdatum (date of birth): *GD*

*Firma (company):*

*Mitreisender Ehegatte (accompanying spouse)*
*Name:*
*Vorname (first name):*
*Nationalität (nationality):*
*Geburtsdatum (date of birth):*

*Anzahl der mitreisenden Kinder (number of accompanying children)*

*Reisegruppe, Personenanzahl (groups, number of persons)*
*Nationalitäten (nationalities)*

*Unterschrift (signature)*

**5** **b** *Entwerfen Sie einen Anmeldevordruck für das Hotel „Vierländereck".*

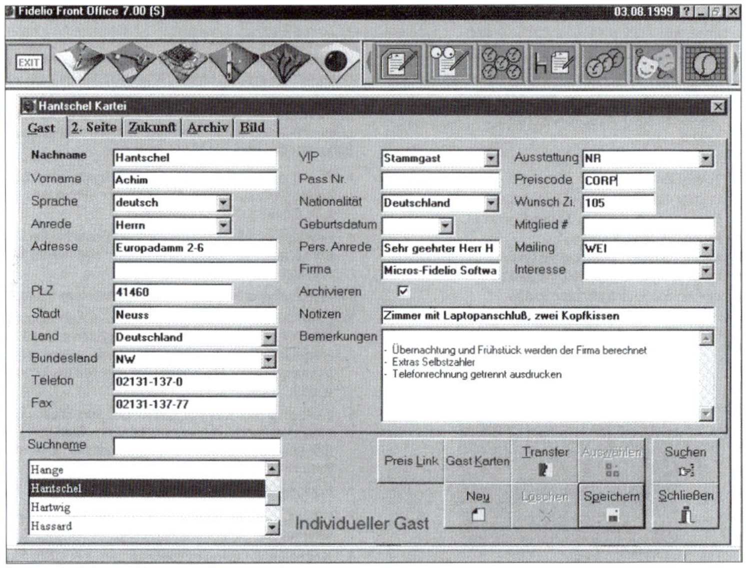


**6** *Lesen Sie sich den Dialog einmal durch. Hören Sie dann zuerst das Gespräch und ergänzen Sie dann die Lücken.*

**A** Bitte, Sie wünschen?

**B** Hier wurde ................................................ für mich bestellt. Ich komme zur Tagung „Internationale ............................... .................... im ............................".

**A** Ihren ..............................................., bitte.

**B** Nowak, Werner Nowak.

**A** Einen kleinen Moment, Nowak, Nowak, hier habe ich ................................. . Alles in Ordnung, Herr Nowak, Sie haben Zimmer 211 in ...................................... . Bitte hier Ihre ........................... ....................... und den Zimmerschlüssel, und hier noch einige Informationen, die ......................... ....................... betreffen. Würden Sie mir bitte Ihren .............................. da lassen?

**B** Und wann bekomme ich meinen Ausweis zurück?

**A** In einer halben Stunde. Ich muss Sie noch .................................... . Ich hoffe, dass Sie sich in unserem Haus ........................................ . Wir .............................. eine angenehme Tagung und interessante Ergebnisse.

**7** *Im Hotel „Vierländereck" soll ein Zimmer reserviert werden. Sie sind am Telefon und füllen den Zettel „Zimmerreservierung" aus.*

## Vierländereck Zimmerreservierung

**Hotel Vierländereck**

Gastname:.................................................................................

Adresse:...................................................................................

..........................................................................................

Telefon:...................................................................................

Bemerkungen:.............................................................................

Datum:.....................................................................................

Anreise:...................................................................................

Abreise:...................................................................................

EZ/Dusche:................................................................................

EZ/Bad:....................................................................................

DZ:.........................................................................................

Suite:......................................................................................

Preis:......................................................................................

Name/Zeichen:.............................................................................

**8** *Was sagen die Rezeptionistin und der Gast? Schreiben Sie einen Dialog und spielen Sie ihn zu zweit, um Ihre zukünftige Rolle zu trainieren.*

Zimmer reserviert → Anmeldeformular → Ja → Raucher- oder Nichtraucherzimmer → Nichtraucher → Unterschrift fehlt → Oh, Post? → 3. Stock, Nr. 327, Aufzug → Danke

**9** *Bereiten Sie sich anhand der folgenden Rollenkarten auf ein Gespräch mit Ihrem Partner vor.*

**A** Sie arbeiten an der Rezeption. Ein Gast braucht für morgen einen Leihwagen. Geben Sie ihm anhand eines Prospektes Auskunft über Wagentyp, Komfort und Preis.

**B** Sie arbeiten an der Rezeption. Ein Gast möchte heute ins Theater gehen. Informieren Sie ihn über die verschiedenen Vorstellungen. Empfehlen Sie ihm „West Side Story". Sie haben es selbst gesehen, es ist ganz toll.

**C** Sie möchten entweder heute oder morgen ins Theater. Am liebsten gingen Sie in eine Oper oder Operette. Musicals können Sie nicht ausstehen.

**D** Ein Gast beschwert sich um 23 Uhr, dass er nicht schlafen kann, weil sein Nachbar seinen Fernseher so laut laufen lässt.

**10** *Rollenspiel*

**Regel:**
Es gibt Hotel- und Kundenkarten. Die Karten gut mischen und an die Spieler verteilen. Die Spieler, die eine Hotelkarte gezogen haben, setzen sich an einen Tisch und warten auf ihre potentiellen Kunden. Die Kunden müssen nun das Hotel finden, das ihre speziellen Wünsche erfüllen kann.

**Beispiel:** Kunde: Wir suchen ein Hotel, das für Behinderte geeignet ist, denn meine Mutter ist Rollstuhlfahrerin.
Hotel Palace: Wir haben uns auf Gruppenreisen spezialisiert und haben leider keine speziellen Einrichtungen für Rollstuhlfahrer.
Hotel Bergsee: Da sind Sie bei uns richtig. Wir haben nämlich eine Rampe für Rollstuhlfahrer.

| | |
|---|---|
| **Hotel Känguru** kinderfreundlich | Appartements mit Eltern- und Kinderzimmern |
| **Pension Waldesruh** Hunde und Katzen willkommen! | Sie wollen mal in Ruhe einkaufen? Waldi und Mieze bleiben bei uns! |
| **Novotel** jedes Zimmer mit Doppelbett und Doppelcouch, kostenlos für Kinder bis 10 Jahre | Familien mit Kindern erwünscht |
| **Haus Bergsee** Seeblick und eigener Seestrand | Rampe für Rollstuhlfahrer |
| **Hotel Königin Luise** mehrere Luxussuiten für "Könige und Prinzen und ihr Gefolge" | Hochzeitszimmer für die Flitterwochen! |
| **Sporthotel Wasserspaß** | Hallenbad / Sauna Tennisplätze Motorradfans willkommen! |
| **Pension Savina** alle Zimmer mit kleiner Küche | bieten Appartements mit Eltern- und Kinderzimmern |

Ich organisiere für die Kursteilnehmer des Goethe-Instituts in Nancy regelmäßig Studienreisen.

Mein Auto ist schon zweimal gestohlen worden.

Wir reisen nur mit dem Fahrrad.

Wir buchen nur in Ihrem Hotel, wenn sie ein Schwimmbad haben.

Und was mache ich mit meinem Hasen?

| | |
|---|---|
| **Intercity Hotel Weimar** freie Zimmer nur noch montags bis donnerstags | Tiere nicht erwünscht! |
| **Hotel Palace** Mehrere Konferenz- und Tagungsräume mit allen notwendigen Geräten | Gruppen besonders willkommen |
| **Hotel Exbud** 76 Zimmer mit allem Komfort Konferenzraum mit 300 Plätzen | für Gruppen ab 10 Personen Sonderarrangements |
| **Hotel Savoy** nur 5 Minuten bis zum Messezentrum | bieten sicheren Garagenplatz |
| **Appartement-Gästehaus Schubert** am Stadtrand – ruhig – – viel Grün | Nur für umweltbewusste Fahrradfahrer! |
| **Gästezimmer Familie Mayer** Stadtbuslinie 1 | Kleine Tierfreunde herzlich willkommen! |

Unsere Kinder essen zum Frühstück nur Müsli.

Wir haben vier Kinder.

Wir reisen immer mit Struppi, Mikdo und der Eidechse Penelope.

Wir sind eine kinderreiche Familie.

Meine Mutter ist Rollstuhlfahrerin.

Wir werden bald heiraten und ich will meine Braut überraschen.

Wir trennen uns aber nicht von unseren Cockerspanieln.

Wir sind eine Gruppe von etwa 10 Städteplanern.

**So telefoniert man effektiv**

- Wenn Sie den Namen des Gesprächspartners vergessen oder nicht richtig gehört haben, fragen Sie nochmals höflich nach, spätestens am Ende des Gesprächs.
- Fassen Sie sich kurz!
- Sprechen Sie laut und deutlich!
- Hören Sie gut zu, unterbrechen Sie nicht unnötig!
- Melden Sie sich richtig: zuerst das Hotel, dann Ihren Namen und dann die Begrüßung.
- Verlieren Sie nie die Geduld und bleiben Sie immer höflich!
- Schreiben Sie wichtige Sachen sofort auf!
- Sparen Sie nicht mit „bitte" und „danke"!
- Lächeln Sie am Telefon, dann ist Ihre Stimme freundlicher.
  Sie repräsentieren auch am Telefon Ihr Unternehmen / Ihr Reisebüro!

info

Hotel Vierländereck,
Melanie Maurer,
Guten Tag!

**LernTipp**

„Notizen machen" heißt nur das Wichtigste notieren, z. B. Namen und Zeitangaben.

## Einige Tipps zum Telefonieren

Lippen ca. 1,5 bis 2 cm von
der Sprechmuschel entfernt
Haltung: richtig
Qualität der Verständigung: 100%

Lippen ca. 5 cm von
der Sprechmuschel entfernt
Haltung: annehmbar
Qualität der Verständigung: 25%

Lippen über der Sprechmuschel
Haltung: schlecht
Qualität der Verständigung:
oft nur noch 5%

11 *Hören Sie die Telefongespräche und notieren Sie die Wünsche der Gäste.*

**A**

Name: ..............................

Wecken: ..............................

Tee: ..............................

Taxi: ..............................

**B**

Name: ..............................

Heizung: ..............................

Telefon: ..............................

**C**

Name: ..............................

Dusche: ..............................

**D**

Name: ..............................

Lunch: ..............................

- Geben Sie bereitwillig Auskunft.
- Wiederholen Sie wichtige Aufgaben.
- Lassen Sie sich nicht von anderen Dingen ablenken.
- Seien Sie hilfsbereit, z. B. verbinden Sie weiter oder finden Sie Namen und Telefonnummern heraus. Buchstabieren Sie schwierige Namen oder Begriffe.
- Reden Sie den Gesprächspartner mit seinem Namen an.
- Achten Sie auf Ihre Stimmmelodie, sprechen Sie locker und lebendig (kein monotoner Sprechrhythmus) und nicht gekünstelt.
- Halten Sie vereinbarte Termine unbedingt ein. Vergessen sie nicht, den Hörer richtig zu halten.

**12** **a** *Das Verb „lassen" spielt im Dienstleistungsgewerbe eine wichtige Rolle und wird oft als Imperativ benutzt. In der Verbindung mit „können" klingt der Wunsch höflicher. Bilden Sie Sätze nach folgendem Beispiel.*

**Beispiel:** Lassen Sie bitte die Koffer in mein Zimmer bringen!
– Können Sie die Koffer in mein Zimmer bringen lassen?

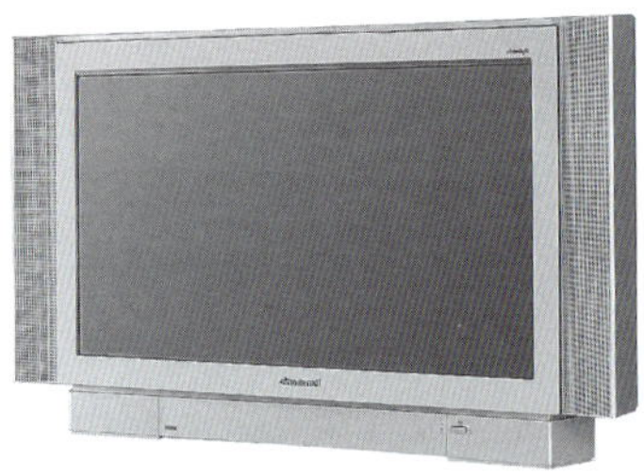

**1** die Getränke auf die Rechnung setzen
**2** die Telefongebühren extra ausdrucken
**3** die Post an die Privatadresse nachschicken
**4** den Anzug in die Reinigung bringen
**5** den Fernseher in Zimmer 105 reparieren

**12** **b** *„Lassen" im Perfekt. Bilden Sie Sätze entsprechend dem Beispiel.*

**Beispiel:** den Fernseher reparieren – Haben Sie den Fernseher reparieren lassen?

**1** die Hemden waschen
**2** die Sekretärin benachrichtigen
**3** die Flugkarten reservieren
**4** den Mietwagen besorgen
**5** den Sekt kalt stellen

**13** *Spielen Sie kleine Dialoge zu folgenden Situationen:*

**1** sich wecken lassen
**2** Geld wechseln
**3** sich beschweren
**4** nach dem Weg fragen
**5** Informationen erteilen über Kino- und Theaterprogramme

**14** *Wird der Gast gut beraten und bedient? Üben Sie nach dem folgenden Muster.*

**Beispiel:** das Zimmer früh genug reservieren
– Ich rate Ihnen, das Zimmer früh genug zu reservieren.

Ich rate Ihnen, ..................................................

**1** an der Stadtrundfahrt teilnehmen.
**2** ins Museum gehen.
**3** einen BMW leihen.
**4** vor der Abfahrt eine Tasse Tee trinken.

Ich versuche, ..................................................

**1** das Problem / die Angelegenheit klären.
**2** Ihnen dabei behilflich sein.
**3** Herrn Weber telefonisch erreichen.
**4** zwei Doppelzimmer im Hotel Park reservieren.
**5** für Sie ein Taxi besorgen.
**6** Frau K. noch einmal anrufen.

Ich verspreche Ihnen, .....................................

**1** die Flugtickets für Sie bis 14 Uhr abholen.
**2** die Sache möglichst schnell in Ordnung bringen.
**3** den Gast aus Zimmer 58 darüber informieren.
**4** den Elektriker/Mechaniker/Klempner sofort auf das Zimmer schicken.

## B Hotelsekretariat

### Korrespondenz mit Gästen

**Beachten Sie:**
„Schwarz auf Weiß"
– ist in der Regel präziser als Mündliches
– genießt mehr Vertrauen als mündliche Zusagen
– verpflichtet zur Einhaltung von Abmachungen
– gilt als Beweismittel in Streitfällen
– ist – sauber und richtig gestaltet – auch ein Stück Werbung für das Hotel

**15** *Schreiben Sie die folgenden Bestandteile aus dem Computerfax heraus.*

**1** Briefkopf ..........................................................................................................

**2** Anschrift ..........................................................................................................

**3** Datum ..........................................................................................................

**4** Anrede ..........................................................................................................

**5** Brieftext ..........................................................................................................

**6** Schlussformel ..........................................................................................................

**7** Unterschrift ..........................................................................................................

**swissôtel** DÜSSELDORF / NEUSS

Swissôtel Düsseldorf/Neuss
Rheinallee 1
41460 Neuss
Tel.: 02131/7700
Fax: 02131/77 1367

Dies ist ein Computer-Telefax. Sollten Sie nicht alle Seiten vollständig erhalten,
wählen Sie bitte oben stehende Nummer.

Neuss, 22.4.20....

Sehr geehrte Frau Veigel,

herzlichen Dank für Ihren Anruf und Ihr Interesse an unserem Haus.
Gerne bestätigen wir die Reservierung wie folgt:

1 Einzelzimmer vom 22. Mai bis 23. Mai 200... (Abreise)
für Herrn Dr. Horst

zum Preis von **€** 101,00 im Einzelzimmer je Nacht, inklusive Frühstück vom reichhaltigen Büffet.

Alle Zimmer sind ausgestattet mit Marmorbad/WC, Fön, Klimaanlage, Farb-TV mit hoteleigenem Videokanal, Minibar, Schreibtisch und gemütlicher Sitzecke.

Wir haben verbindlich für Sie gebucht. Bitte informieren Sie uns rechtzeitig über mögliche Änderungen und lassen Sie sich im Falle einer telefonischen Stornierung eine Stornierungsnummer geben.

Für heute verbleiben wir mit freundlichen Grüßen.
SWISSÔTEL DÜSSELDORF/NEUSS

Katja Weiß — Dirk Jansa
Reservierungsleiterin — Reservierungs-Assistent

Ruhig am Rhein liegt das Swissôtel. Zugleich mit einer direkten Anbindung an das Autobahnnetz. Sogar die S-Bahnstation mit Anschlüssen nach Düsseldorf und Köln liegt in unmittelbarer Nähe. Und der Flughafen Düsseldorf liegt 14 km nahe und wird von unserem Shuttle-Bus 2x täglich angesteuert.

Natürlich kommen bei uns auch anspruchsvolle Gaumen auf ihren Geschmack.
Petit Paris: Bistro, Restaurant, Café mit 160 Plätzen
Pavillon: Elegantes Restaurant mit 100 Plätzen für geschlossene Veranstaltungen
Welcome Bar: der Thekentreffpunkt mit Anbindung an die Hotelhalle

Planen Sie einen Kongress mit 8-150 Teilnehmern oder mit 1.000 Personen? Der beiliegende Grundriss unseres Congress Centrums macht es Ihnen leicht, das Optimale zu finden.

www.swissôtel-duesseldorf.com

## 16

*Wenn Sie die folgenden Tipps einhalten, schreiben Sie Ihre Briefe gut. Was gehört zusammen? Ordnen Sie zu.*

**1** Tippen Sie den Brief,
**2** Unterschreiben Sie den Brief
**3** Nach der Anrede kommt ein Komma,
**4** Benutzen Sie kurze,
**5** Benutzen Sie die „wir"-Form;
**6** Wenn Sie den Adressaten persönlich kennen,
**7** Nach den Wörtern „Sehr geehrter Herr, sehr geehrte Frau"
**8** Lassen Sie links genug Platz,
**9** Alle Zeilen beginnen am linken Rand,
**10** Zwischen Anrede und Brieftext, aber auch

**A** damit der Brief abgeheftet werden kann.
**B** auch die Grußformel am Ende.
**C** vergessen Sie aber nie, ihn handschriftlich zu unterschreiben.
**D** sprechen Sie ihn mit Namen an und ...
**E** kommt immer der Nachname.
**F** schreiben Sie dann klein weiter.
**G** die „ich"-Form nur bei ganz persönlichen Briefen.
**H** vor der Grußformel und der Unterschrift bleibt immer eine Zeile frei.
**I** vergessen Sie seinen Titel nicht!
**J** immer unten links.
**K** klare Sätze!

| 1 | 2 | 3 | 4 | 5 | 6 | 7 | 8 | 9 | 10 |
|---|---|---|---|---|---|---|---|---|---|
| | | | | | D, I | | | | |

## 17

*Schreiben Sie die folgenden Bestandteile aus dem Brief an Frau Veigel (Aufgabe 15) heraus.*

1. Erholungsmöglichkeiten: ......................................
2. Ausstattung der Zimmer: ......................................
3. Restaurants: ..........................................................
4. Bar (Name): ..........................................................
5. Konferenzräume (Lage, Ebene, Zahl, Größe): ..................................
6. Parkplätze: ..........................................................
7. Lage/Entfernungen: ..............................................

**18** *Im folgenden Brief können Sie sicher alle Lücken inhaltlich und sprachlich ergänzen.*

Hotel Vierländereck
Wiener Str. 4710
12345 Bernbär

**Hotel Vierländereck**

Herrn Dr. Glück
Am Kleefeld 13
72250 Freudenstadt

21.5.20....

Sehr .................................... Herr Dr. Glück,

wir danken Ihnen sehr für .................................... in unserem Haus und hoffen, dass Sie eine .................................... hatten.
Sicherlich ist es Ihnen bei .................................... am 20.05.20.... entgangen, uns den Zimmerschlüssel mit der Nummer 116 .................................... .

Wir möchten Sie daher bitten, uns diesen möglichst .................................... zurückzusenden.

Wir würden uns freuen, Sie bald wieder .................................... .

Mit freundlichen Grüßen
Gregor Frankenstein
Hoteldirektor

**19** *Wie sind die folgenden Mitteilungsabsichten im Brief oben formuliert?*

| **Mitteilungsabsichten** | **Redemittel** |
|---|---|
| **A** danken | |
| **B** hinweisen auf | Sicherlich ist es Ihnen entgangen, ... |
| **C** um etwas bitten | |
| **D** eine Hoffnung ausdrücken | |
| **E** Brief beenden | Mit freundlichen Grüßen |

**20** *Schreiben Sie eine Antwort auf die Bitte eines Gastes, ihm seine Post nachzusenden. Bisher sind aber keine für ihn bestimmten Briefsachen eingegangen.*

Name des Empfängers: Maximilian Wolf
Anschrift: Wolfstraße 12, 38440 Wolfsburg

von: Hotel Vierländereck
Wiener Str. 4710
12345 Bernbär
Empfangschef: Ole Kanzler

21 *Lesen Sie den Brief an Frau Veigel (Seite 34) noch einmal. Stellen Sie sich folgende Situation vor: Sie sind Hotelier und führen ein Hotel in Budapest. Schreiben Sie ein ähnliches, vielleicht besseres Angebot. Beachten Sie dabei, dass es bei höheren Zimmerpreisen nicht leicht ist, einen Gast zu gewinnen. Vergessen Sie auch nicht, die günstige Lage Ihres Hauses hervorzuheben. Ihr Hotel verfügt auch über eine breitere Palette an Zusatzleistungen.*

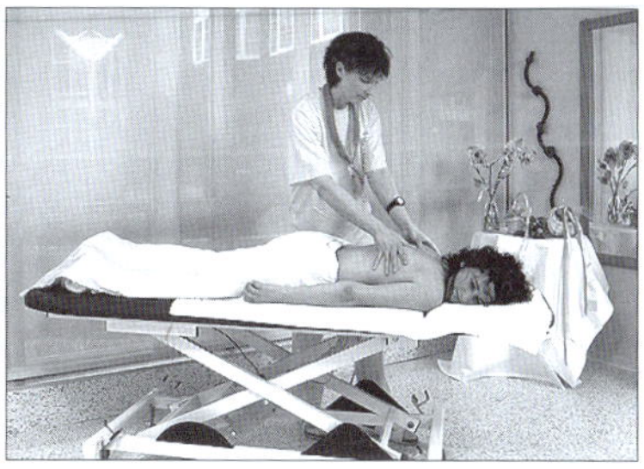

Folgende Angaben könnten Ihnen dabei helfen:
- das Hotel ist ein Haus ersten Ranges
- sehr ruhig gelegen, trotzdem Doppeltüren
- mit Ausblick auf die Donau und auf den Park
- Nähe Stadtzentrum
- Tiefgarage für ca. 40 Autos
- Name des Hotels: Astoria
- Restaurant „Mátyás-Pince"
- Café Central mit Klaviermusik (unsere Gäste pflegen zu sagen: „Wo treffen wir uns nächstes Mal? Natürlich im Central!")
- Bar „Music Pub"
- Kosmetiksalon unter dem Motto „Neue Frische – alte Jugendzeit"
- Friseursalon
- Hallenschwimmbad, Massage
- Weinkeller „Zum fröhlichen Mönchen"
- 5 Appartements
- Autovermietung im Hotel
- Prominenz aus der Filmbranche

**ABC Memo**

**A**ppartement
**B**uchung
**C**heck-In
**D**oppelzimmer
**E**tagendienst
**F**ront-Office
**G**ästefragebogen
**H**ousekeeping
**I**ntercity-Ticket
**J**ahresrabatt
**K**orrespondenz
**L**ast-Minute-Angebot
**M**ietwagen
**N**asszelle
**O**stseebad
**P**ackage
**Q**uittung
**R**ezeption
**S**tornierung
**T**rinkgeld
**U**rlaubsprogramm
**V**ertragshotel
**W**eckdienst
**Y**oung and fun
**Z**immervermittlung

## Spielregel:

1. Die Lerner schreiben die Begriffe (und gegebenenfalls noch weitere) zum Thema „Hotellerie" in Großbuchstaben auf große Karten und heben den ersten Buchstaben jeweils durch eine andere Farbe hervor. Die Begriffe werden unter den Lernenden aufgeteilt. Danach werden die Begriffe alphabetisch geordnet.
2. Der Spielleiter zeigt nun in alphabetischer Reihenfolge jeweils 5 – 10 Sekunden eine Karte. Die Spieler merken sich möglichst viele Begriffe und notieren sie, nachdem alle Karten gezeigt wurden.
3. Zu zweit ergänzen die Spieler die Begriffe, die sie sich gemerkt haben.
4. Wenn der Spielleiter „Stopp" sagt, nennen sie die Anzahl der notierten Begriffe und erklären, wie sie sich diese gemerkt haben.

# C Etagendienst – Housekeeping

**22** *Welche Aufgaben hat ein Zimmermädchen zu verrichten? Kreuzen Sie an.*

**1** Fenster putzen
**2** Bettwäsche wechseln
**3** mit dem Gast Karten spielen
**4** Gardinen wechseln
**5** Badetücher/Handtücher wechseln
**6** Blumen gießen
**7** Betten machen
**8** Fußboden saugen
**9** Einwegseife hinlegen
**10** Essen kochen
**11** Matratze wenden
**12** Theatertickets reservieren
**13** Minibar auffüllen
**14** Gläser bringen
**15** Aschenbecher reinigen
**16** Zimmer lüften
**17** Bad saubermachen
**18** Willkommensgruß auf den Nachttisch stellen

**23** *Sie sind Praktikant/-in in einem Hotel. Machen Sie Checklisten für Ihre Tätigkeiten.*

| jeden Tag | nach der Abreise des Gastes | einige Male im Jahr |
|---|---|---|
| ................................................ | ................................................ | ................................................ |
| ................................................ | ................................................ | Matratze wenden |
| ................................................ | Bettwäsche wechseln | ................................................ |
| ................................................ | ................................................ | ................................................ |

**24** *Machen Sie eine Checkliste von Dingen, die auf dem Wagen liegen müssen.*

**Umweltbewusste Standards**
Nicht jeder Hotelgast denkt daran, dass Hotels große Energie- und Wasserverbraucher sind. Einige Hotelbesitzer versuchen, ihre Hotels umweltbewusst zu führen.

**25** *Bevor Sie ein Interview mit einem umweltbewussten Hotelier hören, überlegen Sie, worüber er sprechen könnte. Nennen Sie 5 Punkte.*

| Hypothese | Im Text |
|---|---|
| 1 ........................................ | ........................................ |
| 2 ........................................ | ........................................ |
| 3 ........................................ | ........................................ |
| 4 ........................................ | ........................................ |
| 5 ........................................ | ........................................ |

**26** **a** *Hören Sie nun das Interview und prüfen Sie, ob Sie richtig vermutet haben.*

**26** **b** *Lesen Sie zuerst die Aussagen. Hören Sie dann das Interview noch einmal und entscheiden Sie: Habe ich diese Aussage gehört oder nicht?*

| | | JA | NEIN |
|---|---|---|---|
| **A** | Das Hotel „Zum Pfau" war alt und musste renoviert werden. | ☐ | ☐ |
| **B** | Das Hotel steht unter Denkmalschutz. | ☐ | ☐ |
| **C** | Früher wurden in diesem Hotel Elektroenergie und Wasser verschwendet. | ☐ | ☐ |
| **D** | Die Investition des Hotelbesitzers war umweltfreundlich. | ☐ | ☐ |
| **E** | Im Hotel „Zum Pfau" wurden energie- und wassersparende Geräte installiert. | ☐ | ☐ |
| **F** | Er ließ Badewannen und Duschen einbauen. | ☐ | ☐ |
| **G** | Die Gäste sollen die Handtücher mehrmals benutzen. | ☐ | ☐ |
| **H** | Er benutzt biologisch abbaubare Reinigungsmittel. | ☐ | ☐ |
| **I** | Herr Mayer hat das Hotel vor zwei Jahren geerbt. | ☐ | ☐ |
| **J** | Er wusste sofort, dass er das Hotel behält. | ☐ | ☐ |

**27** **a** *So verhalten Sie sich umweltfreundlich. Haben Sie weitere Vorschläge?*

- tropfende Wasserhähne sofort melden
- Handtücher und Bettwäsche nur bei Bedarf wechseln
- Wasch-, Putz- und Spülmittel sparsam verwenden
- Müll trennen
- Wasser nicht unnötig laufen lassen
- Kochvorgänge zeitlich optimal kombinieren
- unnötige Beleuchtung abschalten oder reduzieren
- alle Geräte nach Gebrauch abschalten
- Heizung über Nacht reduzieren
- ........................................

27 **b** *Wie können Sie sich umweltfreundlich verhalten?*

**Beispiel:** Ich verhalte mich umweltfreundlich, indem ich tropfende Wasserhähne sofort melde.
*oder*: Man verhält sich umweltfreundlich, wenn man tropfende Wasserhähne sofort meldet.

Die billigste und unschädlichste Energie ist die, die wir nicht verbrauchen.

28 *Versetzen Sie sich in die Rolle des Zimmermädchens. Was machen Sie, bevor Sie ein Zimmer betreten? Markieren Sie die richtige Reihenfolge.*

- [ ] **A** Wenn keine Antwort kommt, klopfen Sie noch einmal und melden Sie sich mit „Housekeeping".
- [ ] **B** Wenn der Gast auf das Klopfen reagiert, fragen Sie ihn, wann das Zimmer gereinigt werden kann.
- [1] **C** Klopfen Sie an und melden Sie sich mit „Housekeeping".
- [ ] **D** Sollte der Gast zurückkommen, während Sie das Zimmer reinigen, fragen Sie ihn,
  a) ob er sich noch etwas gedulden kann,
  b) ob Sie das Zimmer später reinigen sollen.
- [ ] **E** Sollte der Gast sich gerade anziehen, entschuldigen Sie sich und schließen Sie die Zimmertür.
- [ ] **F** Sollten Sie noch immer keine Antwort erhalten, öffnen Sie die Tür einen Spalt und sagen Sie nochmals „Housekeeping".
- [ ] **G** Sollte der Gast noch schlafen oder im Badezimmer sein, schließen Sie die Tür (wenn möglich lautlos).

29 *Sie kennen die Regeln dem Gast gegenüber. Was sagen Sie in folgenden Situationen?*

| | | |
|---|---|---|
| **A** Frau Vogelsang kommt in ihr Zimmer zurück. | **Zimmermädchen:** Was wollen Sie denn hier? Sie wissen wohl nicht, dass zwischen 10 und 11 Uhr die Zimmer gemacht werden. Das steht doch in der Hausordnung. | **Was würden Sie sagen?** ................ |
| **B** Frau Gerlach findet ihren Pyjama nicht mehr. Sie beschwert sich an der Rezeption. | **Rezeptionist:** Sie müssen besser auf Ihre Sachen aufpassen. | **Und Sie?** ................ |

**C** Herr Beckmann zieht sich gerade an.

**Zimmermädchen:**
Ziehen Sie sich doch im Bad an. Dann kann ich Ihr Zimmer schon machen.

**Und Sie?**
..............................................................
..............................................................

**D** Das Zimmer von Herrn Winckermann wurde nicht gemacht. Er beklagt sich darüber an der Rezeption.

**Rezeptionist:**
Haben Sie doch Verständnis. Das Zimmermädchen hat heute Geburtstag.

**Und Sie?**
..............................................................
..............................................................
..............................................................

**E** Im Zimmer von Frau Louis ist die Glühbirne durchgebrannt. Sie tastet sich durch die Dunkelheit zum Telefon.

**Rezeptionist:**
Da haben Sie Pech. Unsere Birnen sind alle. Wenn Sie nach unten kommen, gebe ich Ihnen eine Kerze.

**Und Sie?**
..............................................................
..............................................................
..............................................................
..............................................................

**F** Die Toilette im Zimmer von Frau Lieneisen funktioniert nicht.

**Rezeptionist:**
Sie haben das Klo doch selbst kaputt gemacht. Dann mussen Sie eben warten, bis morgen der Klempner kommt.

**Und Sie?**
..............................................................
..............................................................
..............................................................
..............................................................

**G** Der Fernseher im Zimmer von Herrn Wong ist kaputt. Er möchte einen anderen Apparat.

**Rezeptionist:**
Das ist zu umständlich, der Hausmeister ist schon weg und es gibt niemanden, der ihn auf Ihr Zimmer tragen könnte. Sie müssen sich mit dem Radio begnügen.

**Und Sie?**
..............................................................
..............................................................
..............................................................
..............................................................
..............................................................

**H** Ehepaar Arendt, das mit seinem Baby unterwegs ist, hat ein Zimmer bekommen, in dem vorher ein Raucher wohnte. Es ist nicht gelüftet worden.

**Rezeptionist:**
Machen Sie aus einer Mücke keinen Elefanten. Machen Sie doch einfach das Fenster weit auf!

**Und Sie?**
..............................................................
..............................................................
..............................................................

**info**

**Verhaltensregeln**

1. Höflichkeit ist das oberste Gebot.
2. Nie ein Zimmer betreten, ohne vorher anzuklopfen.
3. Das Zimmer nie in Anwesenheit des Gastes betreten.
4. Wörter wie „Bitte", „Danke", „Guten Morgen", „Guten Tag" nicht vergessen.
5. Sich immer entschuldigen, wenn Sie das Gefühl haben, die Gäste zu stören.
6. Immer daran denken, das Zimmer noch einmal zu kontrollieren. Ihre letzter Blick ist, was der Gast sieht.

**a** *Lesen Sie den folgenden Text. Welchen Titel könnte man ihm geben?*

Also, ich hatte mich für August 1997 zur Internationalen Deutschlehrertagung in Amsterdam angemeldet und mir ein Zimmer im Hotel „Zum letzten Gulden" reservieren lassen. Das Zimmer lag im 3. Stock, über eine enge Treppe wie in vielen Amsterdamer Häusern. Einen Aufzug gab es nicht. Als ich meine Sachen auspacken wollte, kam das erste Problem. Wohin mit dem Koffer? Für eine Kofferablage war kein Platz, und der Schrank war viel zu klein. Keine Bügel, viel zu wenig Platz für meine schönen Sachen. Ein Bügeleisen konnte man auch nicht leihen. Ich freute mich schon richtig auf eine heiße Dusche. Von wegen Badezimmer! Da war nur eine Minidusche, keine Kleiderhaken, keine Ablagen, und das Handtuch reichte nur für die Füße. Gott sei Dank habe ich immer meinen Fön dabei! Aber der einzige Stecker war hinter dem Bett, viel zu weit vom Spiegel, der auch noch viel zu hoch hing. Als ich endlich fertig war – meine Hose blieb ungebügelt, die Haare waren noch feucht – wollte ich den Plan von Amsterdam studieren. Die Straße des Kongressbüros war aber bei dem bisschen Licht auf dem Plan nicht zu finden. Also ging ich ins nächste Café, dem Hotel „Alptraum" gegenüber, um erst einmal einen Kaffee zu trinken.

**b** *Was hat die Dame verärgert?*

**Beispiel:** Der Spiegel hing zu hoch und zu weit von der Steckdose weg.
*oder*: Es gab keine Ablage.

Die Steckdose ................................... .
Das Handtuch ................................... .

**c** *Machen Sie Verbesserungsvorschläge.*

**Beispiel:** Der Spiegel sollte in Kopfhöhe hängen.
*oder*: Es wäre besser, wenn der Spiegel in der Nähe der Steckdose hängen würde.

## Organisieren und planen

### Gästezimmer sind das Herz eines Hotels!

Der erste Eindruck, den der Gast bekommt, sobald er ein Hotel betritt, ist überaus wichtig. Denn die Einstellung des Gastes hat eine bedeutende Werbewirkung. Wenn er das Hotel zufrieden verlässt, dann empfiehlt er es durchschnittlich an vier weitere Personen. Wenn er aber mit einer negativen Einstellung abreist, dann schreckt er 16 Personen vor dem Besuch ab. Deswegen müssen sich viele Leute um das Wohl der Hotelgäste kümmern. Die Hausdamenabteilung ist fast immer die größte Abteilung in einem Hotel.

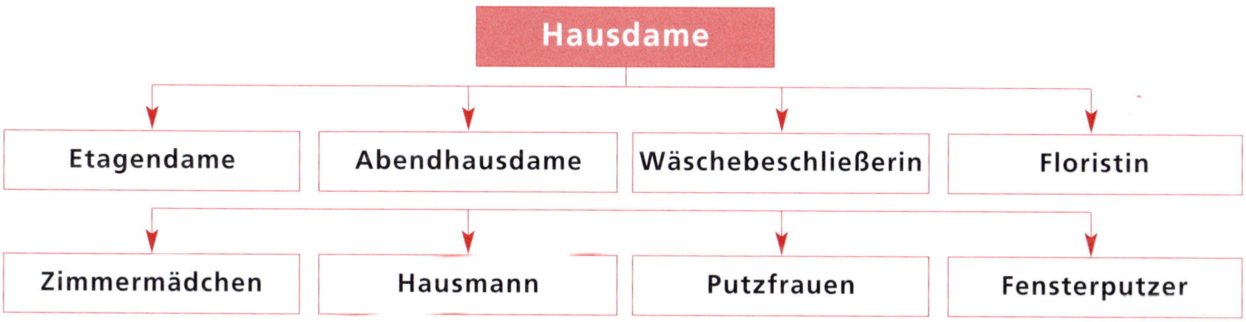


31 **a** *Machen Sie sich Gedanken darüber, was zu den Pflichten der Hausdame gehört. Stellen Sie Hypothesen auf.*

| Hypothesen | kommt im Gespräch vor | kommt im Gespräch nicht vor |
|---|---|---|
| **1** die Arbeit des Hauspersonals organisieren | | |
| **2** | | |
| **3** | | |
| **4** | | |
| **5** | | |
| **6** | | |
| **7** Inventur machen | | |
| **8** | | |
| **9** | | |
| **10** | | |

31 **b** *Hören Sie jetzt ein Telefongespräch, in dem eine Hausdame über ihre Pflichten spricht. Prüfen Sie, ob Sie richtig vermutet haben.*

32 **a** *Hören Sie das Interview noch einmal und ergänzen Sie die Lücken.*

Eine Hausdame leitet das gesamte ........... und organisiert die Arbeit des ganzen ........... . Sie ist zuständig für die ..........., außerdem für die ........... und ........... . Sie erstellt ........... und die ........... planung. Vor allem sorgt sie für die ........... zwischen allen Hotel ........... . Sie soll Sinn für das ........... haben und etwas von Unternehmens ........... verstehen. Sie muss vor allem ........... und ........... sein.

32 **b** *Was erwartet die Hausdame von ihren Mitarbeitern und Mitarbeiterinnen? Benutzen Sie für Ihre Antworten die Verben im Kasten.*

**Beispiel:** Die Floristin sollte Blumensträuße binden können, die Tische festlich schmücken können und ist für das Ambiente des Hotels verantwortlich.

verantwortlich sein für – zuständig sein für – sorgen für – darauf achten, dass – immer zur Stelle sein, wenn – sich kümmern um – prüfen, ob – mit überlegen, dass

## Das Memo

Memos sind Kurznachrichten, mit denen man die Kollegen über etwas informiert, an etwas Wichtiges erinnert oder um etwas bittet. Solche Memos können z. B. am schwarzen Brett hängen oder per E-Mail verschickt werden.

*Memo*
*Von: Anna*
*An: Karl*
*Vergiss nicht, aus dem Doppelbett in Zimmer 404 das Extrabett rauszunehmen (ist für mich zu schwer)*

*24.03.20....*

*Memo*
*Von: Karl*
*An: alle*
*Zimmer 001 out of order (Renovierung bis zum 10.04.)*

*01.04.20....*

33 *In welcher Reihenfolge soll das Zimmermädchen die Zimmer machen?*

**Zimmer 26:** Der Gast ist bereits abgereist
**Zimmer 27:** Der Gast bleibt noch eine Woche im Hotel.
**Zimmer 28:** Der Gast möchte in seinem Appartement um 10.00 Uhr einen Brunch für seine Geschäftspartner arrangieren. Er wünscht, dass das Zimmer früher gemacht wird.
**Zimmer 29**: Der Gast ist noch nicht sicher, ob er noch eine Nacht bleibt.

## Gästefragebogen

Sie wissen bereits, wie wichtig die Meinung des einzelnen Gastes über das Hotel ist. Um aus jedem Gast einen Stammgast zu machen, muss man überprüfen, was ihm während des Aufenthalts gefallen hat und was ihn gestört hat. Als eine Maßnahme zur Qualitätssicherung wird der Gästefragebogen eingesetzt.

34

**a** *Überlegen Sie, was die Gäste veranlasst, das eine und nicht das andere Hotel zu wählen? Welche Aspekte halten Sie für die wichtigsten? Geben Sie eine Rangfolge an.*

**Komfort** | **Freundlichkeit und Hilfsbereitschaft** | **Lage** | **Service** | **Sauberkeit** | **Sicherheit** | **Preis-/ Leistungsverhältnis**

34

**b** *Entwerfen Sie einen Gästefragebogen, indem Sie Fragen zu den oben genannten Merkmalen, Faktoren, Bereichen und Leistungen formulieren. Denken Sie daran, dass es Fragen sein müssen, die nur mit Ja oder Nein beantwortet werden können.*

Hotel Vierländereck
Wiener Str. 4710
12345 Bernbär

Hotel Vierländereck

Gästefragebogen

1 ..............................................................................
Ja ☐ Nein ☐

2 ..............................................................................
Ja ☐ Nein ☐

3 ..............................................................................
Ja ☐ Nein ☐

4 ..............................................................................
Ja ☐ Nein ☐

5 ..............................................................................
Ja ☐ Nein ☐

6 ..............................................................................
Ja ☐ Nein ☐

7 ..............................................................................
Ja ☐ Nein ☐

*Lesen Sie den folgenden Gästefragebogen des Hotels Vierländereck in Bernbär. Ein Gast hat den Fragebogen nach seinem Aufenthalt ausgefüllt. Welche positiven und negativen Bemerkungen könnte er noch eingetragen haben? Übernehmen Sie seine Rolle.*

**Name:** Geza Lakner
**Übernachtungsdatum:** 27.03. -- 10.04.
**Zimmer Nr.** 114

| **Wie haben Sie Ihre Reservierung vorgenommen?** | | |
|---|---|---|
| direkt im Hotel | [ ] | Bemerkungen: ............................................. |
| über ein Reisebüro / eine Agentur | [ ] | ..................................................................... |
| durch Ihre Firma bzw. Gesellschaft | [x] | ..................................................................... |

| **Warum haben Sie das Hotel Vierländereck gewählt?** | | |
|---|---|---|
| Stammgast / wiederholter Aufenthalt | [ ] | Bemerkungen: ............................................. |
| Lage | [x] | ..................................................................... |
| PR/Werbung | [ ] | ..................................................................... |
| Empfehlung | [ ] | ..................................................................... |
| Veranstaltung im Haus | [ ] | ..................................................................... |

| **Wurden Sie bei uns freundlich, höflich und prompt bedient?** | **Ja** | **Nein** | |
|---|---|---|---|
| Hotel-Empfang | [x] | [ ] | Bemerkungen: ............................................. |
| Telefonzentrale | [x] | [ ] | ..................................................................... |
| Hausdamen-Abteilung | [ ] | [ ] | ..................................................................... |
| Wäscheservice | [x] | [ ] | ..................................................................... |
| Minibar-Service | [ ] | [x] | *Die Minibar wurde trotz meiner mehrmaligen* |
| Zimmer-Service | [ ] | [x] | *Bitten nicht aufgefüllt. Zu meiner Verfügung* |
| Veranstaltungs-/Bankettbereich | [x] | [ ] | *stand nur Mineralwasser!* |

| **Waren Sie mit den Angeboten/Leistungen unserer Gastronomie zufrieden?** | **Ja** | **Nein** | |
|---|---|---|---|
| Restaurant Petit Paris | [x] | [ ] | Bemerkungen: ............................................. |
| Zimmer-Service | [ ] | [ ] | ..................................................................... |
| Veranstaltungs-/Bankettbereich | [x] | [ ] | ..................................................................... |

| **Waren Sie mit dem Komfort in Ihrem Zimmer zufrieden?** | **Ja** | **Nein** | |
|---|---|---|---|
| Sauberkeit | [x] | [ ] | Bemerkungen: ............................................. |
| Einrichtung | [ ] | [ ] | ..................................................................... |
| Schränke/ausreichend Kleiderbügel | [x] | [ ] | ..................................................................... |
| Badezimmer/WC | [x] | [ ] | ..................................................................... |
| Wäsche/Kosmetikartikel | [x] | [ ] | *Die Handtücher waren sehr flauschig.* |
| Elektrische Anlagen, TV, Video, Radio | [x] | [ ] | ..................................................................... |
| Minibar-Angebot | [ ] | [x] | ..................................................................... |

| **Entsprechen die öffentlichen Räume Ihren Vorstellungen?** | **Ja** | **Nein** | |
|---|---|---|---|
| Sauberkeit rund ums Hotel | [x] | [ ] | Bemerkungen: ............................................. |
| Empfangshalle | [x] | [ ] | ..................................................................... |
| Aufzüge | [x] | [ ] | ..................................................................... |
| Hotelflure | [x] | [ ] | *Wunderbare Beleuchtung, schöne Blumen* |
| Beschilderung zu Veranstaltungsräumen | [x] | [ ] | *groß und deutlich* |
| Waschräume/Toiletten | [x] | [ ] | ..................................................................... |

| **Fanden Sie bei uns ein angemessenes Preis-/Leistungsverhältnis?** | Ja | Nein | |
|---|---|---|---|
| Hotelzimmer | ☐ | ☒ | Bermerkungen: *Ich finde, die Preise sind* |
| Restaurant | ☐ | ☒ | *viel zu hoch.* |
| Bar | ☐ | ☐ | *Zu geringe Speisenauswahl.* |
| Zimmer-Service | ☒ | ☐ | ........................................ |
| Veranstaltungs-/Bankettbereich | ☐ | ☒ | ........................................ |
| Sonstige Dienstleistungen | ☒ | ☐ | ........................................ |

| Positive Bemerkungen | Negative Bemerkungen |
|---|---|
| | |

## D Mit Sprache spielen

### Hotelangebote aus der Wundertüte

Gruppen à vier Lerner
**Material:** 4 Umschläge; je einen roten, gelben, blauen und grünen Papierstreifen pro Lerner; 4 große Karten pro Gruppe.

**rot**
Welches Produkt/fantastisches Angebot? z. B. Luxusappartement für Nero und Pussy-Cat.

**gelb**
Welcher Super-/Sonderpreis? Welche Konditionen?

**blau**
Welche Platzierung/welche Absatzwege? z. B. Direktverkauf im Hotelkatalog oder indirekter Verkauf im Reisebüro.

**grün**
Welche Promotion/Verkaufsforderung? z. B. über TV, Radio, als Sandwichmann. Werbesprüche nicht vergessen!

**Spielregel:**

Jeder Lerner denkt sich ein Hotelprodukt aus. Er erhält vier Papierstreifen und notiert Angaben zu den vier P seines Hotelproduktes. Die Papierstreifen werden gefaltet, nach Farben geordnet und in die Umschläge gesteckt. Dann zieht jeder Lerner aus jedem Umschlag einen Streifen und die Präsentation der Hotelangebote aus der Wundertüte kann losgehen.

## E Koffer

**Handlungskompetenz im Beruf entwickeln.**
**Warum ist Herr Freundlich ein so guter Empfangschef?**

- Er kennt sein Hotel mit allen Abteilungen.
- Er weiß, welche Zimmer verfügbar sind.
- Er kennt die Stadt und deren Umgebung.
- Er kann Sehenswürdigkeiten empfehlen.
- Er erkennt die Gästewünsche.
- Er schafft eine gute Atmosphäre unter den Gästen.
- Er kümmert sich um die Fortbildung seiner Mitarbeiter.
- Er ist freundlich, höflich und begegnet seinen Gästen stets mit einem Lächeln.
- Er ist korrekt angezogen, trägt ein Namensschild.
- Er kann Beschwerden richtig behandeln.
- Er nimmt die Wünsche seiner Gäste ernst.
- Er hat gute Fremdsprachenkenntnisse.
- Er fühlt sich verantwortlich für seine Mitarbeiter.
- Er kann zuhören.
- Er kann Aufgaben delegieren.
- Er hat die Organisation des Hotels im Griff.
- Er teilt sein Personal richtig ein (zeitlich und entsprechend ihrer Kompetenzen).
- Er findet in jeder Situation schnell die richtige Lösung.

**a** *Welche Fähigkeiten, Eigenschaften oder Kenntnisse von Herrn Freundlich finden Sie persönlich am wichtigsten? Tragen Sie mindestens fünf ein. Zeit: 5 Minuten*

..........................................................................................

..........................................................................................

..........................................................................................

..........................................................................................

..........................................................................................

..........................................................................................

..........................................................................................

..........................................................................................

..........................................................................................

**b** *Setzen Sie sich in Dreiergruppen zusammen und einigen Sie sich auf fünf Fähigkeiten, Eigenschaften oder Kenntnisse und schreiben Sie diese auf große Karten. Schreiben Sie groß und deutlich, mit der Breitseite des Stiftes und in Druckbuchstaben.*

**Beispiel:** Er nimmt die Wünsche seiner Gäste ernst.

**c** *Versuchen Sie nun, die Fähigkeiten, Eigenschaften oder Kenntnisse den speziellen Kompetenzen, die auf den Karten an der Wand stehen, zuzuordnen. Begründen Sie Ihre Entscheidung. Manchmal werden Sie sich schwer einigen können, weil sich die Kompetenzen überschneiden, wie Sie aus dem „Lernkonzept der Handlungskompetenz" (siehe Vorlektion) erkennen können. Kommentieren Sie als Gruppe Ihre Entscheidungen im Plenum (10–15 Minuten).*

# Lektion 2

# In der Küche

## Einstieg
## Berufsbild: Koch

**Welchen Vorrat an Wissen und Können müssen Sie für die Lehre als Koch / Köchin mitbringen?**

Die wichtigsten „Zutaten" für den Beruf des Kochs: Wenn Sie Freude am Vorbereiten und Kochen, Ausprobieren und Präsentieren haben, sollten Sie zugreifen.
Diese Fähigkeiten sind wichtig! In der Küche geht es vor allem während der Essenszeiten hektisch und heiß zu. Sie müssen einen kühlen Kopf bewahren, konzentriert und schnell reagieren können. Eine Küchenbrigade arbeitet vom Kalbsteak über die Morchelsauce bis zu den Bohnen immer im Team. Damit alles gleichzeitig auf den Teller kommt, ist Zusammenarbeit genauso wichtig wie Sorgfalt und Zuverlässigkeit. Wenn Sie dazu noch Freude am Kochen, einen guten Geschmacks- und Geruchssinn sowie ein Gespür für Farben und Dekorationen mitbringen, wird Sie jeder Küchenchef willkommen heißen. Normalerweise arbeitet die Küche in mehreren Tagesschichten und auch am Wochenende.

**a** *Welche Voraussetzungen finden Sie für den Beruf eines Kochs / einer Köchin wichtig? Schätzen Sie ab.*

| Koch/Köchin | weniger wichtig | wichtig | sehr wichtig |
|---|---|---|---|
| Französischkenntnisse | | | |
| Gesundheit | | | |
| Belastbarkeit | | | |
| Geschmacks- und Geruchssinn | | | |
| Erfindungsgeist und Phantasie | | | |
| guter Schulabschluss | | | |
| Teamfähigkeit | | | |
| rasches Auffassungsvermögen | | | |
| Sauberkeit | | | |

**b** *Arbeiten Sie zu zweit. Nennen Sie Beispiele für die Voraussetzungen eines Kochs / einer Köchin.*

**Beispiel:** Was heißt Belastbarkeit? – Ein Koch muss z. B. auch dann gut und sauber arbeiten, wenn viele Gäste gleichzeitig ein Essen bestellen.

**c** *Hören Sie, was die einzelnen Mitarbeiter in der Küche zu tun haben und ordnen Sie die französischen Bezeichnungen zu.*

Pâtissier – Gardemanger – Saucier – Chef de cuisine

**Verteilung der Arbeiten im Küchenbereich**

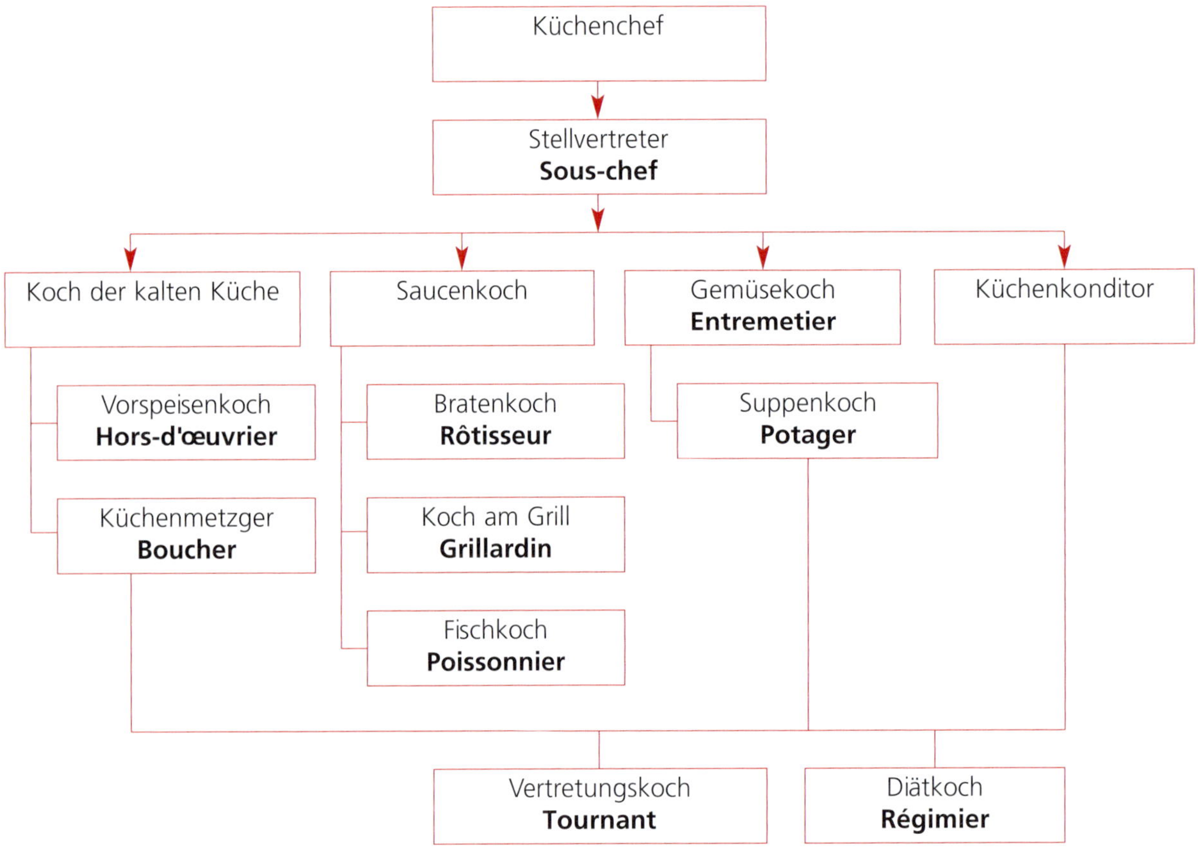


## A Gewürze und Küchenkräuter

An der Art des Würzens erkennt man den Koch. Die Zutaten geben den Speisen einen bestimmten Geschmack: salzig, süß, bitter und deren Verbindungen süß-sauer, bitter-salzig. Die Aromastoffe wiederum verleihen einer Speise ein bestimmtes Aroma mit einem charakteristischen Beigeschmack, der sich oft erst beim Erhitzen bemerkbar macht. Gewürze verleihen der Speise einen bestimmten Akzent.
Im richtigen Würzen besteht die wahre Kunst des Kochens. Gewürze und Küchenkräuter gehören zur Abrundung und Verfeinerung der Speisen.

**1 a** *Welche 18 Gewürze verbergen sich in der Buchstabenschlange?*

kümmelanisingwerkaperncurrycayennepfefferpaprikamuskatnussmuskatblütesafranlorbeerblattkorianderkardamomnelkenpfefferpimentzimtvanille

**1 b** *Welche dieser Gewürze passen zu den Beschreibungen?*

**A** Samen oder Pulver für Gebäck, Süßspeisen

...............................................................................................

**B** indische Gewürzmischung zu Reis; auch für Fisch, Fleisch, Soßen

...............................................................................................

**C** sehr scharf; zu Suppen, Soßen, Eiern, Fleisch und Fisch; sparsam verwenden

...............................................................................................

**D** Blütenknospen – ganz oder gemahlen – zu Lebkuchen, Obstspeisen

...............................................................................................

**E** getrocknete Wurzel, gemahlen zu Reis, Gebäck, Konfitüren, Bier, Likör verwenden

...............................................................................................

**F** sauer eingelegte Knospen; zu Eiergerichten, Marinade; als Garnitur geeignet

...............................................................................................

**G** aus Indien stammender gemahlener Samen; Backgewürz; besonders zu Weihnachten; auch für Süßspeisen, Soßen, Reisgerichte

...............................................................................................

**H** gemahlene Samen; Backgewürz für Pfefferkuchen; Wurstgewürz; auch zum Marinieren von Fisch verwendbar

...............................................................................................

**I** getrocknete Blütennarbe; würzt und färbt Reisgerichte, Gebäck, Liköre, auch Fischgerichte; sparsam benutzen

...............................................................................................

**J** geriebene Nüsse; zu Suppen, Soßen, Gemüse, Geflügel, Pilzgerichten

...............................................................................................

**K** Rinde: Stangen werden mitgekocht; zu Obstspeisen, Suppen und Getränken geeignet; gemahlen für Gebäck und Liköre verwendbar

...............................................................................................

**1 c** *Wählen Sie ein Gericht und überlegen Sie, welche Gewürze sich dafür eignen.*

**Beispiel:** Für einen Pudding nehme ich Vanille. Zimt eignet sich aber auch.

## Die wichtigsten Küchenkräuter

*Der Computer hat die Buchstaben vertauscht. Lesen Sie die Beschreibungen und finden Sie heraus, wie die Küchenkräuter heißen.*

| | |
|---|---|
| SITERPELIE | Petersilie<br>das bekannte Küchenkraut (glatt oder kraus); zu allen Fleisch- und Fischgerichten passt sie eben so gut wie zu Gemüse oder Kartoffeln |
| BEISAL | sparsam dosieren; zu kräftigen Schmorgerichten von Lamm oder Schwein, sowie zu Bohneneintöpfen |
| SIBAKUMLI | intensiver Geschmack; schmeckt zu Tomatengerichten, festem Fisch, hellem Fleisch und Nudeln |
| LISMESE | an Zitrone erinnernder Geschmack und Duft; eignet sich für Süßspeisen, Obst, Cocktails; auch zu Erbsen, Zucchini und Kohlrabi |
| MAROSRIN | unentbehrlich in der Küche Frankreichs und Italiens; zu Fleisch, Suppen, Soßen, Pizzas |
| LLID | sehr beliebt; frisch und klein gehackt zu Salaten, Rohkost, Quark, Butter, Soßen, Fisch, Fleisch, Eiern |
| MITHYAN | zu Fleisch- und Kohlgerichten, Tomatengerichten, Suppen, Soßen oder Salaten |
| JAMORAN | zu Gans, Ente, Ragouts, Wurst, Soßen, Suppen, Kartoffelgerichten, Hülsenfrüchten |
| BIELSTÖCKEL | frische Blätter; zu Suppen, Soßen, Gemüse, Omelett , Rührei, Kartoffelsalat; sparsam verwenden |
| TRAESGON | zu Salaten, feinen Soßen, hellem Fleisch |
| PFENZERMIFFE | zu Lammfleisch, Geflügel, Ragouts, Joghurt, Quark und zu vielen Süßspeisen; auch als Tee |
| SEKRES | würzt Quark, Eiergerichte, Salate; lässt sich leicht selber ziehen |

# B Obst und Gemüse

Obst und Gemüse sind die wichtigsten Vitaminspender. Sie enthalten wertvolle Mineralstoffe und sind reich an Ballaststoffen. Die richtige Aufbewahrung und Zubereitungsart sind entscheidend für den Erhalt dieser Nährstoffe.

**3** **a** *Kreuzen Sie die Zubereitungsart an und bilden Sie Sätze.*

**Beispiele:** Auberginen können gekocht, gedünstet oder überbacken werden.
Man kann Kopfsalat roh essen.

| Gemüseart | Rohkost | gekocht | gedünstet | ge-/über-backen | besondere Hinweise |
|---|---|---|---|---|---|
| die Artischocke | | | | | |
| die Aubergine | | x | x | x | |
| der Chicoree | | | | | Zucker und etwas Milch mildern den Geschmack |
| die grünen Bohnen | | | | | mit Bohnenkraut zubereiten |
| die grünen Erbsen | | | | | mit Butter und Petersilie servieren |
| der Grünkohl | | | | | |
| die Gurke | | | | | mit Hilfe von Salz lange wässern; so besser verdaulich |
| der Kohlrabi | | | | | besonders gut mit Reibekäse überbacken |
| der Kopfsalat | x | | | | Soße erst kurz vor dem Servieren drübergeben, sonst wird er welk |
| der Kürbis | | | | | am besten als Suppe mit 1 bis 2 Äpfeln und Sahne; vor dem Servieren viel frisches Basilikum dazugeben |
| die Paprika | | | | | Kerne entfernen |
| der Porree | | | | | als Gemüsebett mit Möhren besonders für Fisch |
| das Radieschen | | | | | welke Radieschen mit den Blättern ins Wasser stellen |
| der Rosenkohl | | | | | zweimal kurz überbrühen |
| der Rotkohl | | | | | mit 6 Gewürzen, Salz, Essig, Zucker, Lorbeerblatt, Nelken und vielen Äpfeln; schmeckt am besten aufgewärmt |
| die Schwarzwurzel | | | | | wird leicht braun; deshalb mit Essig kochen oder mit Essigtuch bedecken |
| der Sellerie | | | | | erst kochen, dann als Salat mit Äpfeln und Nüssen |

| Gemüseart | Rohkost | gekocht | gedünstet | ge-/über-backen | besondere Hinweise |
|---|---|---|---|---|---|
| der Spargel | | | | | zum Frischhalten in feuchtes Tuch einschlagen |
| der Spinat | | | | | mit Sahne abschmecken |
| die Tomate | | | | | in kochendes Wasser tauchen; Haut abziehen |

**3** **b** *Wissen Sie, wie man Gemüse am besten behandelt? Formulieren Sie die „besonderen Hinweise" in Ratschläge um.*

**Beispiel:** Wenn Sie Spargel in ein feuchtes Tuch einschlagen, bleibt er länger frisch.
*oder*: Sie sollten Spargel in ein frisches Tuch einschlagen, damit er länger frisch bleibt.

Durch die richtige Zubereitung kann der Nitratgehalt im Gemüse in gewissem Umfang reduziert werden, sowohl durch Blanchieren, Dämpfen, Kochen und Wässern, als auch durch das Entfernen von Stielen, Stängeln, Strünken, großen Rippen und den äußeren Blättern bei Blattgemüse.

**4** **a** *Tragen Sie die Gemüsearten in die Nitrattabelle ein.*

Eissalat, Rote Rüben, Frühmöhren, Erbsen, Rosenkohl, Knoblauch, Endivien, Radieschen, Kohlrabi, Blumenkohl, Chinakohl, Auberginen, Zucchini, grüne Bohnen, Gurken, Zwiebeln, Porree, Kartoffeln, Feldsalat, Kopfsalat, Rettich, Sellerie, Grünkohl, Weißkohl, Paprika, Tomaten, Rotkohl, Wirsing, Spinat, Spargel

| Hohe Nitratgehalte | | Mittlere Nitratgehalte | | | |
|---|---|---|---|---|---|
| *Blattgemüse* | *Wurzelgemüse* | *Kohlgemüse* | *Fruchtgemüse* | *Wurzelgemüse* | *Stängelgemüse* |
| Endivien | Rettich | Chinakohl | Auberginen | Sellerie | Kohlrabi |
| | | | | | |
| | | | | | |
| | | | | | |
| | | | | | |
| | | | | | |

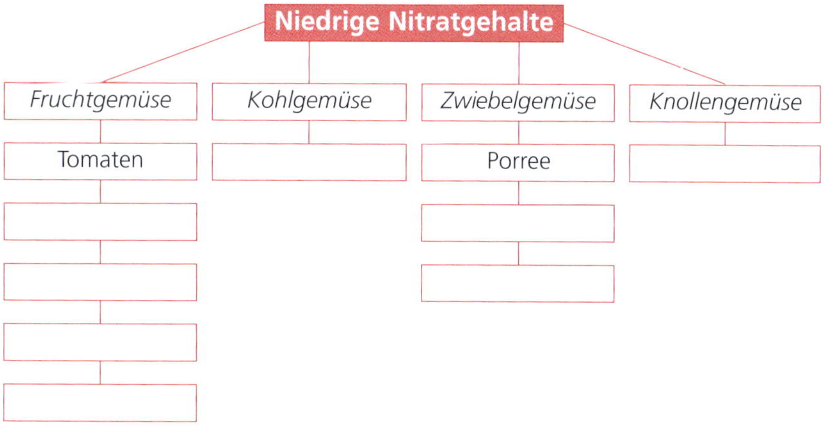


**4** **b** *Was müssen Sie tun, um bei den einzelnen Gemüsesorten den Nitratgehalt zu senken?*

**Beispiel:** Bei Chinakohl den Strunk abschneiden.

**LernTipp**

**Tabellen und Diagramme machen = viele Informationen besser anordnen und lernen können**

**5** **a** *Frisches Obst gibt es das ganze Jahr. Dieser Kalender soll Ihnen helfen, die Erntezeit zu nutzen. Wann sind die Früchte besonders frisch (f), schmackhaft (s) und preiswert (p)? Tragen Sie ein.*

| | Jan. | Feb. | März | Apr. | Mai | Juni | Juli | Aug. | Sept. | Okt. | Nov. | Dez. |
|---|---|---|---|---|---|---|---|---|---|---|---|---|
| Äpfel | | | | | | | | | *f* | *f, s* | *p* | |
| Bananen | | | | | | | | | | | | |
| Birnen | | | | | | | | | | | | |
| Weintrauben | | | | | | | | | | | | |
| Erdbeeren | | | | | | | | | | | | |
| Ananas | | | | | | | | | | | | |
| Apfelsinen | | | | | | | | | | | | |
| Johannisbeeren | | | | | | | | | | | | |
| Kirschen | | | | | | | | | | | | |
| Pfirsiche | | | | | | | | | | | | |
| Pflaumen/ Zwetschgen | | | | | | | | | | | | |

5 **b** *Sie sollen aus fünf Früchten einen Obstsalat zubereiten. Welche Früchte nehmen Sie im Januar, im Mai, im Juli, im September und im November?*

5 **c** *Schreiben Sie ein Obstsalat-Rezept. Vergessen Sie die Gewürze und Kräuter nicht.*

## C Garmethoden

6 **a** *Setzen Sie die passenden Verben in die Tabelle ein: dämpfen, schmoren, backen, dünsten, braten, frittieren, kochen, rösten.*

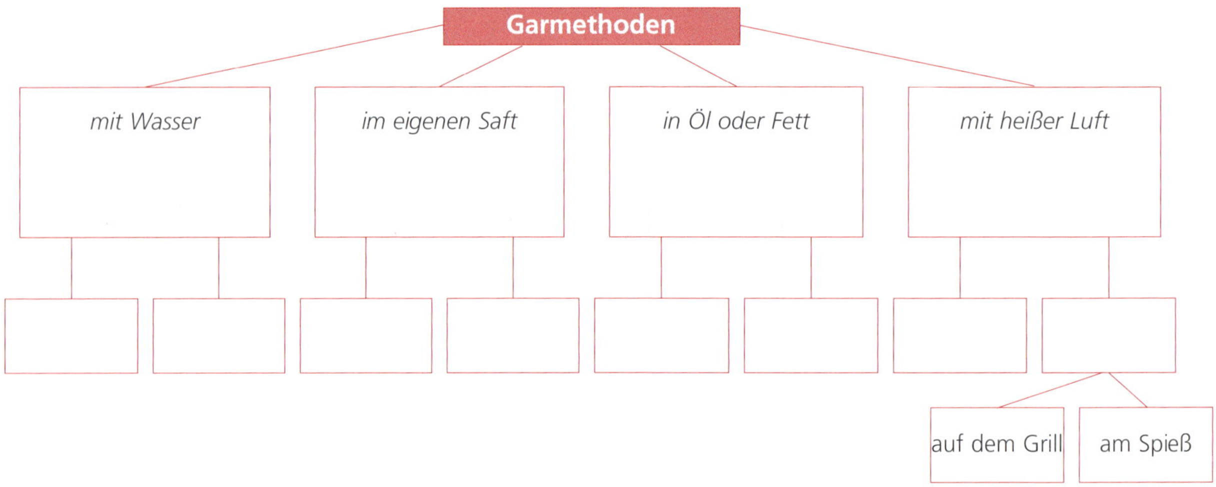


6 **b** *Schreiben Sie die Verben unter die entsprechende Garmethode.*

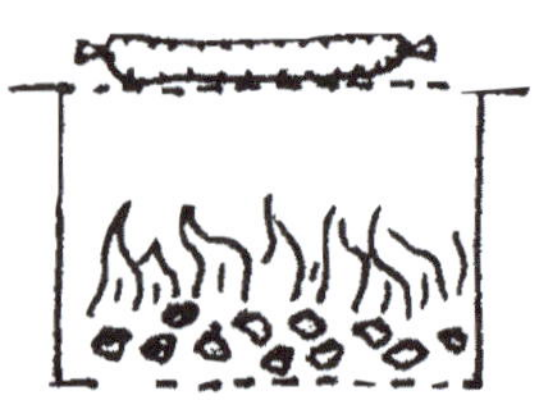
1 ..........

2 ..........

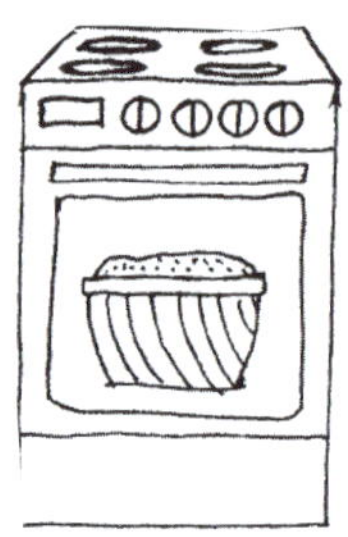
3 ..........

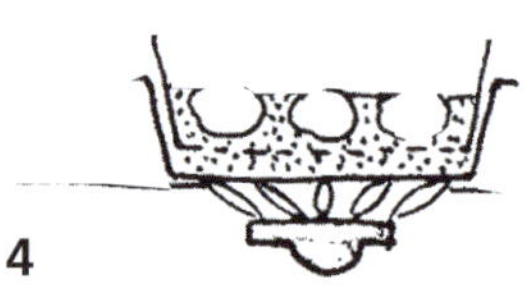
4 ..........

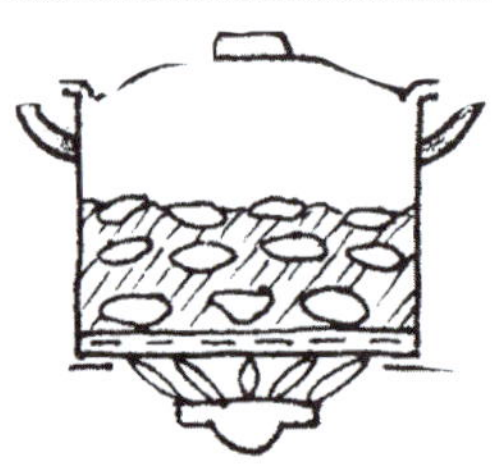
5 ..........

6 ..........

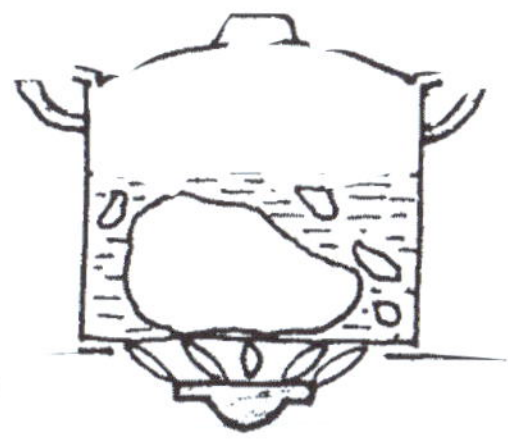

7 ..................

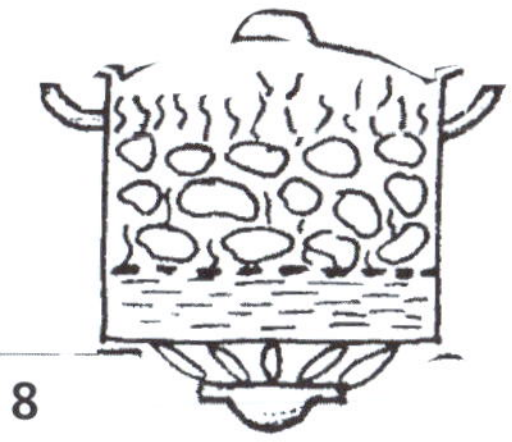

8 ..................

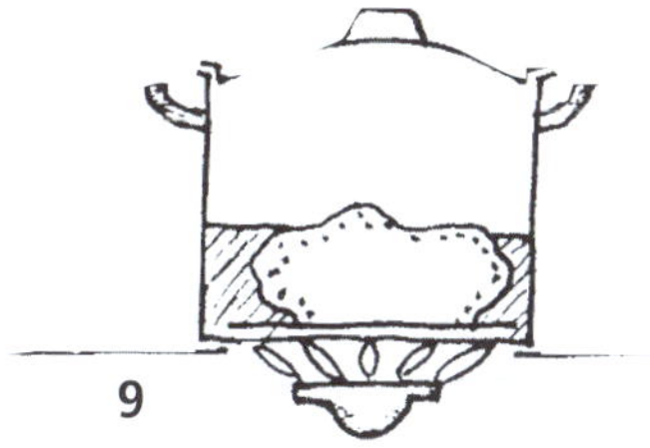

9 ..................

6 **c** *Was passt zusammen?*

| | |
|---|---|
| **1** durch Dampf in wenig Fett in einem geschlossenen Topf garen | ......................... |
| **2** ohne Zusatz von Fett oder Wasser durch Erhitzen bräunen | ......................... |
| **3** in Fett anbraten und dann mit wenig Flüssigkeit in zugedecktem Topf langsam kochen lassen | ......................... |
| **4** in schwimmendem Fett braten | ..... frittieren ..... |
| **5** mit Dampf gar machen | ......................... |
| **6** durch trockene Hitze im Ofen gar machen (Teig zu Brot oder Kuchen) | ......................... |
| **7** in heißem Fett (in der Pfanne) gar machen (Eier, Fleisch, Fisch, Teig) | ......................... |

schmoren – dünsten – dämpfen – backen – braten – ~~frittieren~~ – rösten

7 **a** *Was passt zusammen? Bilden Sie Sätze.*

**Beispiel:** Im Schnellkochtopf kann man Gemüse gar machen.
*oder*: Kartoffeln werden mit der Reibe geraspelt.

| | | |
|---|---|---|
| Kaffee | im Kühlschrank | gar kochen |
| Lebensmittel | mit der Zitruspresse | mahlen |
| Zutaten | mit der Kaffeemühle | raspeln |
| Speisen | im Schnellkochtopf | backen |
| Teig | auf der Küchenwaage | spülen/abwaschen |
| Fleisch | mit der Reibe | drehen |
| Geschirr | im Spülbecken | rühren |
| Gemüse | durch den Fleischwolf | aufwärmen |
| Kartoffeln | im Backofen | abwiegen |
| Apfelsinen | in der Mikrowelle | entsaften |
| Kuchen | mit der Küchenmaschine | aufbewahren |

7 **b** *Im Praktikum müssen Sie ein Berichtsheft führen. Tragen Sie die verkürzte Form in das Heft ein.*

**Beispiel:** Ich habe auf der Küchenwaage die Zutaten abgewogen.
*verkürzt*: Auf der Küchenwaage die Zutaten abgewogen.

Name ........................

Vorname ........................

**Ausbildungsnachweis Nr. ........................** Woche vom ........................ bis ........................

| Tag | Ausgeführte Arbeiten, Unterricht, Unterweisungen usw. |
|---|---|
| Montag | |
| | |
| | |
| | |

## D Küchensprache

**LernTipp**
Abkürzungen und Maßeinheiten kennen und benutzen ist eine Basiskompetenz.

8 **a** *Kennen Sie die Abkürzungen? Die 22 Silben sind angegeben.*

-chen, Ess-, -fel, -fel, Gramm, -gramm, Ki-, klein, -kost, -kühl-, Li-, -lo, löf-, löf-, Mes-, Päck-, -ser-, -spit-, Tee-, -ter, Tief-, -ze

**A** EL – ..........................................................

**B** TL – ..........................................................

**C** g – ..........................................................

**D** kl. – ..........................................................

**E** Msp. – ..........................................................

**F** TK – ..........................................................

**G** P – ..........................................................

**H** l – ..........................................................

**I** kg – ..........................................................

8 **b** *Kennen Sie diese kleinen Mengen, deren Erläuterungen durcheinander geraten sind? Verbinden Sie.*

| | |
|---|---|
| 1 Prise | die Hälfte von einem Schuss |
| 1 Schuss | reichlich 1 Esslöffel Flüssigkeit |
| 1 Spritzer | das Quantum, das sich zwischen drei Fingern fassen lässt |
| 1 Messerspitze | das Häufchen auf einer Messerspitze |

9 **a** *Aus den angegebenen Silben ergeben sich zwölf Verben. Ordnen Sie sie den Beschreibungen zu.*

**Beispiel:** abhäuten – Haut

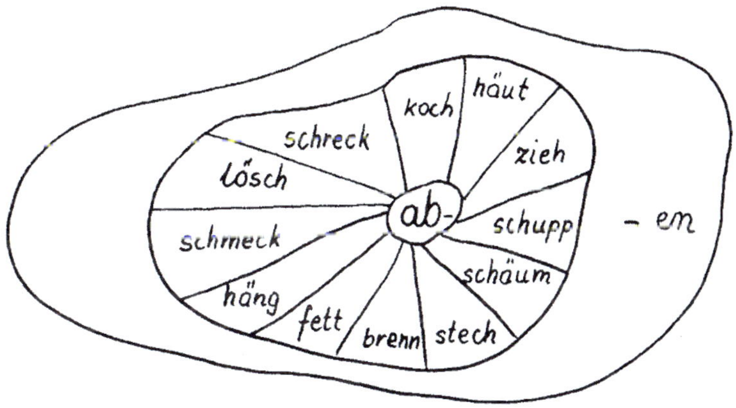


ab

| | | |
|---|---|---|
| ............................ en | | |
| häut ............................ en | 1 | entfernen der dünnen Häute am rohen Fleisch |
| ............................ en | 2 | übergießen heißer Speisen (Eier, Teigwaren) mit kaltem Wasser |
| ............................ en | 3 | Suppen und Saucen mit Ei, Mehl, Milch sämig, glatt machen |
| ............................ en | 4 | Fett von Fleischbrühe oder Soßen vorsichtig mit dem Löffel abschöpfen |
| ............................ en | 5 | deglacieren; beim Schmoren oder Braten Flüssigkeit zugießen |
| ............................ en | 6 | beim Kochen von Fleisch oder Obst entstehenden Schaum abnehmen |
| ............................ en | 7 | Prüfung des Geschmacks vor dem Servieren; eventuell nachwürzen |
| ............................ en | 8 | Fische von Schuppen befreien |
| ............................ en | 9 | trennen, z. B. kleine Klöße mit einem Löffel vom Teig abtrennen, um sie in einer siedenden Flüssigkeit zu garen |
| ............................ en | 10 | Fleisch nach dem Schlachten eine Zeit lang abhängen lassen |
| ............................ en | 11 | Gemüse oder Fleisch in Flüssigkeit kurz zum Kochen bringen |
| | 12 | einen Teig so lange über Hitze rühren, bis er sich von der Schüssel löst |

**9 b** *Bilden Sie Verben aus dem Bereich der Küche.*

an-, ein-, aus-, über-

back leg rühr brat dick koch zieh nehm lass back richt frier bein

**Beispiel:** ausbacken

**9 c** *Ordnen Sie die Verben zu.*

**an**

| | | |
|---|---|---|
| .............................. en | **1** | Speisen tischfertig machen; garnieren |
| .............................. en | **2** | in heißem Fett Fleisch kurz bräunen, damit der Saft im Fleisch bleibt |
| .............................. en | **3** | sich am Topfboden ansetzen (Speisen) |
| .............................. en | **4** | Mehl mit Flüssigkeit zu Teig vermengen |

**aus**

| | | |
|---|---|---|
| .............................. en | **1** | Teig, Obst oder Gemüse im schwimmenden Fett gar und braun werden lassen |
| .............................. en | **2** | Butter schmelzen, Speck erhitzen, um flüssiges Fett zu gewinnen |
| .............................. en | **3** | Geflügel von Innereien und Eingeweiden befreien |
| .............................. en | **4** | Fleisch von den Knochen lösen |

**ein**

| | | |
|---|---|---|
| .............................. en | **1** | Flüssigkeit so lange kochen, bis sie verdunstet, oder sie mit Mehl dicker machen |
| .............................. en | **2** | Lebensmittel durch Kälte haltbar machen |
| .............................. en | **3** | durch Kochen und luftdichtes Verschließen haltbar machen |
| .............................. en | **4** | in Gewürzessig oder Marinade legen und dadurch haltbar machen |

**über**

| | | |
|---|---|---|
| .............................. en | **1** | kurz im Rohr backen; gratinieren |
| .............................. en | **2** | Speisen mit einer Glasur versehen; glacieren |
| .............................. en | **3** | durch zu starkes Kochen über den Rand des Topfes laufen (Flüssigkeit) |

**9 d** *Erklären Sie sich gegenseitig die Bedeutung der Verben.*

**Beispiel:** Beim Überziehen wird die Speise mit einer Glasur versehen.
*oder*: Beim Anbrennen setzen sich Speisen am Topfboden fest.

## Küchengeräte

**10** *Lösen Sie das Kreuzworträtsel. Finden Sie 7 Küchengeräte, um …*

**A** Eiweiß zu schlagen
**B** Möhren zu reiben
**C** Fleisch zu zerkleinern
**D** Saft aus Obst oder Gemüse zu pressen
**E** Salat abtropfen zu lassen
**F** Zutaten zu messen
**G** eine Flasche zu öffnen

Die folgenden 18 Silben helfen Ihnen:

be – be – be – cher – ent – fleisch – her – ken – kor – mess – rei – saf – schnee – sen – sieb – ter – wolf – zie

Lösung *(vertikal)*: zum Essen unentbehrlich

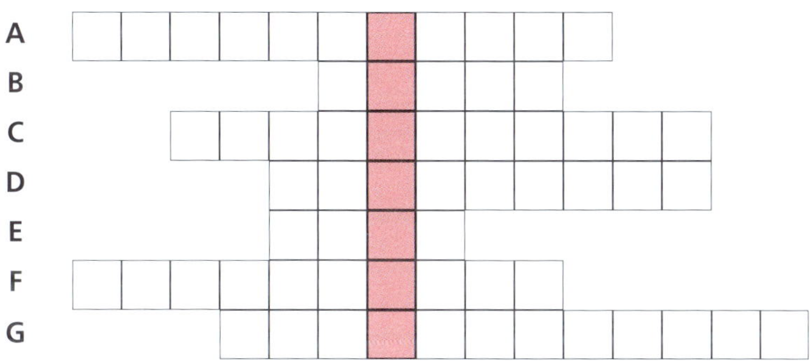


**11** **a** *Lösen Sie das Worträtsel. Welches der folgenden Verben beschreibt die unten angegebenen Tätigkeiten?*

filetieren, flambieren, frittieren, garnieren, gelieren, glacieren, legieren, mehlieren, panieren, passieren, pochieren

horizontal:

**A** Fisch, Fleisch, Kartoffeln in heißem Fett schwimmend braten
**B** fertige Speise verzieren
**C** gar gekochte Speisen durch ein Sieb streichen, damit sie völlig glatt werden
**D** Fleisch, Fisch, Gemüse in Ei und danach in Semmelmehl wenden
**E** z. B. Kuchen mit einem Zuckerguss überziehen
**F** z. B. Eier in heißem Wasser mit Essig gar werden lassen
**G** Speisen mit Alkohol übergießen und anzünden

**H** Mehl einrühren oder ein Stück Fleisch in Mehl wenden
**I** Suppen oder Soßen mit Eigelb oder Sahne andicken (ohne Kochen)
**J** besonders beim Fisch, Gräten vom Fleisch lösen
**K** Flüssigkeiten (z. B. Obstsaft) durch entsprechende Zutaten (Gelatine, Pektin) steif rühren

Lösung *(vertikal)*: größere Braten in kleine Stücke zerlegen

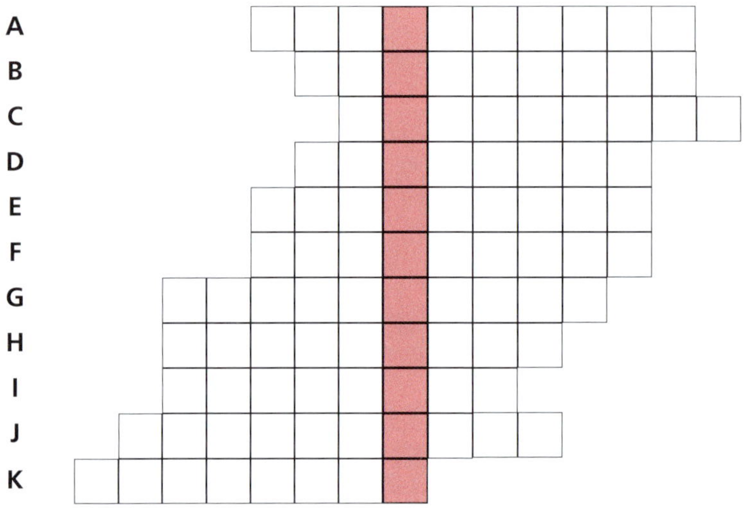


11 **b** *Gibt es Wörter in Ihrer Muttersprache, die so ähnlich sind?*

## E Mit Sprache spielen

### Sprichwörter rund um das Essen und Trinken

12 **a** *Ergänzen Sie in den Sprichwörtern die fehlenden Wörter. Koch (3x), Durst (2x), Wein, Alte, Essen, Appetit (2x), Hunger, Arzt, Brei, Wahrheit*

**A** Hunger ist der beste .................. .
**B** .................. ist der beste Kellner.
**C** .................. macht aus Wasser .................. .
**D** Ein guter Trunk macht .................. jung.
**E** Der .................. kommt beim .................. .
**F** Im Wein liegt .................. .
**G** Abwechslung stärkt den .................. .
**H** Worte stillen den .................. nicht.
**I** Ein guter .................. ist ein guter .................. .
**J** Wie der .................., so der .................. .

12 **b** *In den Sprichwörtern sind die Satzteile durcheinander geraten. Stellen Sie die Sätze richtig zusammen.*

## Weitere Sprichwörter rund um die Küche

| | |
|---|---|
| **1** Frohsinn und Heiterkeit | **A** soll man aufhören. |
| **2** In der allergrößten Not | **B** das Mittagbrot teile mit dem Freunde, das Abendbrot überlass dem Feinde. |
| **3** Wer nicht kommt zur rechten Zeit, | **C** würzt jede Mahlzeit. |
| **4** Süß getrunken, | **D** aber nicht anrichten. |
| **5** Wenn es am besten schmeckt, | **E** viele Köche verderben den Brei. |
| **6** Das Frühstück iss allein, | **F** schmeckt die Wurst auch ohne Brot. |
| **7** Man lebt nicht, um zu essen, | **G** halten Leib und Seele zusammen. |
| **8** Essen und Trinken | **H** sauer bezahlen. |
| **9** Koch allein und bleib dabei, | **I** sondern man isst, um zu leben. |
| **10** Mann kann wohl kochen, | **J** der muss essen, was übrig bleibt. |

| 1 | 2 | 3 | 4 | 5 | 6 | 7 | 8 | 9 | 10 |
|---|---|---|---|---|---|---|---|---|---|
| C | | | | | | | | | |

13 *Wie finden Sie diese kleine Anekdote aus dem realen Leben eines Deutschlerners?*

Vor einiger Zeit machte Jean Marie aus Nancy/Ostfrankreich mit seiner Deutschlehrerin und den anderen Kursteilnehmern aus dem Goethe-Institut eine Schiffstour auf dem Rhein. Er hatte natürlich alle wichtigen Wörter und Wendungen nochmal gut geübt, besonders die für Bestellungen. Alle hatten einen guten Platz auf dem Oberdeck ergattert und freuten sich schon auf Kaffee und Kuchen.

**Kellner**: „Was darf ich Ihnen bringen?"
**Jean-Marie** (in seinem besten Deutsch): „Ein Kaffeekännchen, bitte."
**Kellner** (ganz ernst): „Mit oder ohne Kaffee?"

Jean-Marie wird nie mehr Gertränke und Behälter/Gefäße verwechseln.

## Domino mit Getränken und Behältern

**Spielregel:**

Gruppen mit drei Spielern bilden. Die Domino-Karten an die Spieler verteilen. Der erste Spieler legt eine Domino-Karte aus. Der zweite und dritte Spieler legen die passende Karte an. Wenn ein Spieler keine passende Karte hat, muss er aussetzen. Das Spiel ist zu Ende, wenn der Kreis geschlossen ist.
Achtung: Inhalte und Behälter/Gefäße nicht verwechseln!

| | | | | | |
|---|---|---|---|---|---|
| | | -gläschen | ein Rotwein- | Kaffee | ein Kasten |
| | | -glas | eine Flasche | Wasser | ein Glas |
| | | -krug | ein Sekt- | Milch | eine Sekt- |
| -flasche | eine Tee- | -schwenker | eine Tasse | Apfelsaft | ein Bier- |
| -kanne | ein Schnaps- | Kakao | ein Milch- | Weißwein | ein Becher |
| -topf | ein Kännchen | -kännchen | ein Rum- | | |

## F Koffer

**Wortgruppen bilden und verstehen, so dass man Wörter besser behalten kann.**

Wenn Sie neue Wörter lernen möchten, dann ist es wichtig, dass Sie sich aktiv mit diesen Wörtern und deren Bedeutungen beschäftigen. Eine Möglichkeit heißt:

**Wortgruppen bilden**

Es folgen ganz viele Wörter aus den Lektionen dieses Buches. Immer vier gehören zusammen. Ein fünftes, welches fettgedruckt ist, ist jeweils der Oberbegriff der Wortgruppe. Versuchen Sie, die vier Wortgruppen zu bilden.

Beschwerde – **Französische Bezeichnungen** – Weißwein einschenken – gepflegte Erscheinung – **Korrespondenz** – gute Umgangsformen – Bestellung – die Suppe einsetzen – Douceur Froide – Fremdsprachenkenntnisse – Bestätigung – Hors-d'œuvre – Namensschild – **Der perfekte Empfangschef** – Potage – das Dessert präsentieren – Poisson – den Fleischgang vorlegen – **Aufgaben des Kellners** – Stornierung

# Im Restaurant

## Einstieg
## Berufsbild: Kellner

**Welche Voraussetzungen müssen Sie für die Ausbildung als Serviceangestellte oder Kellner mitbringen?**

Erstens lernen Sie während der Ausbildung alle fachlichen Finessen, und zweitens ist es wichtig, dass Sie lernen, mit den verschiedensten Menschen umzugehen. Dann haben Sie nämlich schon nach kurzer Zeit ein Auge für Ihre Gäste. Sie sehen, wo eine Handtasche zu Boden fällt, wer einen Zweiertisch in einer stillen Ecke schätzt oder dass das Kind von Tisch 7 eine kleine Gabel braucht. Im Service vertreten Sie sozusagen den Chef des Hauses. Fit zu sein und immer gepflegt auszusehen, ist deshalb eine wichtige Voraussetzung. Sie repräsentieren für den Gast die Arbeit des ganzen Teams. Darum müssen Sie mit der Küchenbrigade sehr gut zusammenarbeiten, die Arbeit der anderen kennen und die Gäste so beraten, dass ihre Wünsche auch erfüllbar sind. Andere Fähigkeiten wie ein gutes Gedächtnis und Freude an Fremdsprachen erleichtern Ihnen die Arbeit.

**a** *Welche Voraussetzungen halten Sie für den Beruf einer Serviceangestellten oder eines Kellners für wichtig?*

**Serviceangestellte/r**

| | weniger wichtig | wichtig | sehr wichtig |
|---|---|---|---|
| gutes Zahlen- und Namensgedächtnis | | | |
| Gesundheit | | | |
| rasche Auffassungsgabe | | | |
| gepflegte Erscheinung | | | |
| Fremdsprachenkenntnisse | | | |
| Geschicklichkeit | | | |
| Freude am Umgang mit Menschen | | | |
| gute Umgangsformen | | | |

**b** *Arbeiten Sie zu zweit. Welche Voraussetzungen für den Beruf einer/eines Serviceangestellten muss man mitbringen? Nennen Sie Beispiele.*

**Beispiel:** Was heißt gepflegte Erscheinung?
– Als Serviceangestellte/r musst du immer richtig angezogen sein.
*oder*: Auf deiner Weste darf kein Fleck sein.
*oder*: Nicht zu kurze Röcke tragen.

**c** *Entwerfen Sie für das Kellnerteam vom Restaurant „Zum Europäer" die passende Kleidung und erläutern Sie Ihren Entwurf. Die besten Entwürfe kommen an die Wandzeitung. Sie brauchen Tipps zum Präsentieren und Visualisieren? Der Koffer am Ende dieser Lektion hilft Ihnen.*

## A Am Tisch

**1** *Arbeiten und spielen Sie zu zweit. Ein Gast betritt Ihr Restaurant. Fragen Sie ihn, wo er sitzen möchte.*

**Beispiel:** Möchten Sie sich in den Garten setzen?

| | | | |
|---|---|---|---|
| Wo?<br>Wohin? | auf<br>in/im<br>vor<br>neben<br>unter<br>hinter<br>an/am | die<br>den<br>dem<br>der<br>das | Garten<br>Ecke<br>Lampe<br>Kamin<br>Fenster Billard-<br>zimmer<br>runder Tisch |

**info**

Die Regeln in Deutschland sind unterschiedlich: In manchen Restaurants sucht man sich seinen Platz selbst, in anderen wird man platziert. In Restaurants der gehobenen Preisklasse sollte man vorher reservieren, die Uhrzeit des Besuchs und die Zahl der Personen angeben.

**2** *Spielen Sie zu zweit. Sie besuchen ein Restaurant. Die Tische sind alle besetzt, nur wenige Stühle sind noch frei. Fragen Sie andere Gäste, ob Sie sich an ihren Tisch setzen können.*

- Guten Tag. Dürfen wir uns zu Ihnen setzen?
- Entschuldigen Sie, ist der Platz hier besetzt?
- Guten Tag! Haben Sie etwas dagegen, wenn wir uns hier hinsetzen?
- Entschuldigen Sie, ist dieser Stuhl noch frei?

- Ja, bitte sehr!
- Tut mir leid. Der Platz hier ist besetzt.
- Aber nein, bitte.
- Nehmen Sie doch Platz! Wir erwarten noch Freunde.
- Gern, aber diese beiden Stühle sind besetzt.

An allen Restaurants findet man draußen am Eingang eine Speisekarte, damit man sich über das Angebot an Speisen und vor allem über die Preise informieren kann, bevor man sich entschließt, hineinzugehen. Die Preise sind meist inklusive Bedienung und Mehrwertsteuer, ein kleines Trinkgeld ist üblich.

**3** *Führen Sie kleine Dialoge im Restaurant. Die Redemittel helfen Ihnen.*

**Beispiel:** **G**ast: Die (Speise)Karte, bitte!
**K**ellner: Gern, einen Augenblick bitte.

## Redemittel

Ja, gern. Ja, sofort! Einen Augenblick, bitte. Hallo, (Herr Ober)! Bedienung, bitte! Ja, bitte? Die (Speise)Karte, bitte! Selbstverständlich! Bitte sehr! Wir möchten bestellen. Guten Tag, haben Sie schon gewählt? Guten Tag, bitte sehr? Gibt es auch ein vegetarisches Gericht? Ja, wir haben sogar zwei. Können Sie uns bei der Auswahl helfen? Was können Sie heute empfehlen?

**G**: Bedienung, bitte!
**K**: ........................................... .

**G**: Hallo, Herr Ober!
**K**: ........................................... .

„Fräulein" ist eine traditionelle Anrede, die heute nicht mehr so oft benutzt wird.
Man sucht Blickkontakt mit der Kellnerin und ruft „Hallo!", „Bitte!" oder „Entschuldigung!", um auf sich aufmerksam zu machen.

**4** *Ordnen Sie die obigen Redemittel den Situationen zu. Es sind verschiedene Varianten möglich.*

**A** Der Gast bittet um die Speisekarte.
**G**: ........................................... .
**K**: ........................................... .

**B** Der Gast ruft nach der Bedienung.
**G**: ........................................... .
**K**: ........................................... .

**C** Der Gast spricht den Kellner an.
**G**: ........................................... .
**K**: ........................................... .

Die erste Speisekarte, von der wir Kenntnis haben, soll es bei einem Reichstag zu Regensburg im 16. Jahrhundert gegeben haben. Heinrich der Jüngere zu Braunschweig soll damals von dem Küchenmeister einen Zettel verlangt haben, auf dem alle Gänge des Essens der Reihenfolge nach aufgezeichnet waren. Dadurch konnte er seinen Appetit ganz nach den Speisen richten, die ihm besonders mundeten.

## Hotel Restaurant Peters Brauhaus

# PETERS BRAUHAUS

Peters Brauhaus GmbH + Co. * KG Mühlengasse 1 * 50667 Köln

### KALTE KÜCHE /COLD DISHES/PLATS FROIDS

| | |
|---|---|
| Bauernsülze mit Remouladensauce und Bratkartoffeln<br>Jellied pork with remoulade, fried potatoe / Porc en aspic, sauce remoulade, pommes de terre sautées | 7.60 |
| Heringstipp im Steintopf, Salzkartoffeln<br>Marinated herring, boiled potatoes / Harengs marinés, pommes de terre nature | 7.60 |
| Braumeister-Brotzeit – Blutwurst, Leberwurst, Mett, Gouda, kleine Brotauswahl und Kartoffelsalat<br>Black pudding, liver sausage, minced pork, cheese, bread and potato salad / Boudin noir, saucisse de foie, haché de porc, fromage, pain et salade de pommes de terre | 8.90 |
| Portion Tartar mit Ei, Zwiebeln, Kapern, Brot und Butter<br>Steak tartare with egg, onions, capers, bread, butter / Bifteck tartare avec oeuf, oignons, capres, pain, beurre | 10.20 |
| Rosa gebratenes Roastbeef mit Remoulade, Bratkartoffeln<br>Medium roast beef, remoulade and potatoes / Roastbeef, sauce remoulade, pommes de terre sautées | 11.00 |

### KÖLSCHE SPEZIALITÄTEN /SPECIELITIES/SPÉCIALTÉS

**JEDEN DIENSTAG**

ab 17.00 Uhr Reibekuchentag!

Unser Original: **„Petersburger“**, 3 frische Reibekuchen mit Räucherlachs und Crème fraîche,

**€ 9.60**

...und anderes von unserer

**Rievkooochekaaat!**

| | |
|---|---|
| „Himmel und Äd“ – Gebratene Blutwurst mit Zwiebeln auf Kartoffelpüree und Apfelkompott<br>Black pudding, apple puree, mashed potatoes<br>Boudin noir compote de pommes de terres | 7.10 |
| „Decke Bunne met Speck“ und Salzkartoffeln<br>Broad beans with smoked bacon and boiled potatoes<br>Féves de marais au lard fumé et pommes de terre nature | 8.20 |
| „Rheinische Soorbrode“ mit Rosinensauce, Kartoffelklößen und Apfelkompott<br>Marinated beef, potato dumplings, apple puree<br>Roti de boeuf aigre bouiettes de pommes de terre, compote de pommes | 11.50 |
| Kasseler mit Weinsauerkraut und Kartoffelpüree<br>Smoked pork, sauerkraut and mashed potatoes<br>Cotelette fumée, choucroute, puree de pommes de terre | 10.00 |

**5** *Entwerfen Sie für das Restaurant „Zum Europäer – Vierländerspezialitäten“ die Speisekarte mit Spezialitäten aus Deutschland, Österreich, der Schweiz und Ihrem Land. Beachten sie die Regeln fürs Präsentieren und Visualisieren (Koffer Lektion 3). Die schönsten kommen an die Wandzeitung. Im Quartettspiel finden Sie viele Beispiele*

**6** *Suchen Sie andere Formulierungen für folgende Fragen. Hilfen finden Sie im Redemittel-Kasten.*

**A** Haben Sie schon gewählt?
**B** Nehmen Sie eine Beilage?
**C** Möchten Sie auch einen Nachtisch?
**D** Kann ich Ihnen noch etwas bringen?
**E** Möchten Sie eine Vorspeise?

**Redemittel**

Bitte sehr? Was darf es sein? Und Sie bitte? Was möchten Sie? Wollen Sie schon etwas bestellen? Haben Sie sich schon entschieden? Was darf ich Ihnen bringen? Was möchten/wünschen Sie? Möchten Sie vorher einen Aperitif? Möchten Sie noch etwas bestellen? – Was möchten Sie als Vorspeise/Hauptgericht/Beilage? Möchten Sie noch etwas trinken? Kann ich Ihnen ein Dessert anbieten?

**7** *Kombinieren Sie und spielen Sie dann kleine Dialoge zu zweit. Es sind verschiedene Varianten möglich.*

**A** Wünschen Sie
**B** Als Beilage zum Lammbraten empfehle ich Ihnen
**C** Zum Lachs empfehle ich Ihnen
**D** Darf ich Ihnen
**E** Was möchten Sie
**F** Wie wär's mit
**G** Nehmen Sie
**H** Nehmen Sie danach noch

**1** noch einen Kaffee?
**2** dazu trinken?
**3** frischen Waldbeeren zum Nachtisch?
**4** Kaffee oder Tee?
**5** grüne Bohnen, die sind heute ganz frisch.
**6** einen trockenen Weißwein.
**7** unseren Hausaperitif servieren?
**8** einen Nachtisch?

**8** **a** *Jetzt wird es schwierig! Hier darf man keine Fehler machen. Wählen Sie aus.*

**A** „Haben Sie eine Spezialität des Hauses?"
– „Das Putenfilet kann .............. sehr empfehlen."
☐ ich Ihnen ☐ ich ihm

**B** „Ich hätte gern die Speisekarte."
– „Ich bringe .............. sofort."
☐ sie ihr ☐ sie Ihnen

**C** „Sind die Erdbeeren frisch?"
– „Ja, ich kann .............. sehr empfehlen."
☐ sie ihr ☐ sie Ihnen

**D** Herr Wandermann hat das Chef-Menü bestellt.
– „Wie hat .............. geschmeckt?"
☐ es ihm ☐ es Ihnen

**b** *Wie höflich ist der* ***Gast****? Verteilen Sie Plus- und Minuspunkte. Was würden Sie sagen? Ergänzen Sie die Dialoge und spielen Sie dann die Szenen.*

**Ober**: Bitte sehr, die Suppe. Guten Appetit.
**Gast**: Ich habe aber Omelett bestellt.
**Ober**: Entschuldigung. Das tut mir Leid. Das Omelett kommt sofort.

| | ☺ | ☹ |
|---|---|---|
| **A** Gast: Na sowas!<br>Und Sie: ........................................ . | | |
| **B** Gast: Schon gut, das kann vorkommen.<br>Und Sie: ........................................ . | | |
| **C** Gast: Ist nicht so schlimm.<br>Und Sie: ........................................ . | | |
| **D** Gast: Passen Sie doch auf.<br>Und Sie: ........................................ . | | |
| **E** Gast: Immer dasselbe in diesem Restaurant.<br>Und Sie: ........................................ . | | |

**c** *Jetzt wechseln Sie die Rollen. Schreiben Sie einen neuen Dialog. Wie höflich ist der* ***Kellner****?*

**d** *Verteilen Sie jetzt Kochlöffel für Zufriedenheit und Unzufriedenheit und reagieren Sie wie der perfekte Kellner mit guten Umgangsformen.*

**Beispiel:** Gast: Meine Gabel ist dreckig.
Kellner: Ich bringe Ihnen sofort eine andere.

1 Die Suppe ist kalt, versalzen und völlig ungenießbar.
2 Das war das beste Schnitzel, das ich seit Jahren gegessen habe.
3 Kann ich von Ihrem Koch mal das Soßenrezept bekommen. Die Soße war exquisit.
4 Der Sekt schmeckt nach Korken! Den Geschäftsführer bitte!
5 Die Ente war einigermaßen, aber die Vorspeise und das Dessert waren nicht zu genießen.
6 Nein, nichts mehr, danke! Die Pommes Frites sind ja aufgewärmt.
7 Das Schnitzel schmeckt wie paniertes Papier!
8 Bravo! Bei mir erhalten sie immer Ihre drei Sterne.
9 Bei Ihnen habe ich schon besser gegessen.
10 Sagen Sie dem Koch, er soll lieber wieder Taxi fahren.

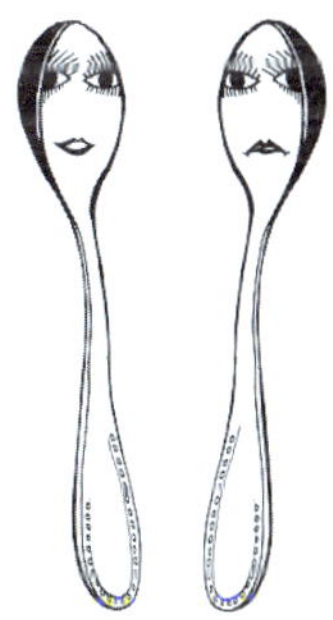

**Redemittel Tischformeln**

Guten Appetit!
– Danke gleichfalls!
Gesegnete Mahlzeit!
Wohl bekomm's!
Lassen Sie es sich schmecken!
Bitte greifen Sie zu!
Bitte bedienen Sie sich!
Schmeckt es Ihnen?
/Hat es Ihnen geschmeckt?

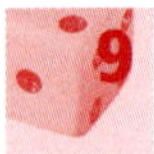

**a** *Können Sie die versteckten Tischformeln finden?*

1 eGntu Aeppitt!
2 W.hl b.k…'s!
3 EKNAD SLLAFHCIELG!
4 es sich Sie schmecken Lassen!
5 G.s.gn.te Mahlz..t!
6 be-, Bit-, -die-, -nen, sich, Sie, -te
7 SchmecktesIhnen? HatesIhnengeschmeckt?

**b** *Machen Sie eigene Buchstabenrätsel.*

**Mahlzeit! Eigentlich: Gesegnete Mahlzeit!**

Ist eine besondere Form, die weniger ein Wunsch als vielmehr das Startzeichen zum Essen ist. Am Arbeitsplatz ist ein kurzes, manchmal brummiges „Mahlzeit" häufig als Gruß um die Mittagszeit herum (leider) üblich. Das „Guten Appetit", für Schweizer „En guete's" – einen guten Appetit – sollte man nicht vergessen, bevor man anfängt zu essen.
Ebenso wenig ein „Prost", „Prosit", „Zum Wohl!" oder „Auf X/Y!" während man das Glas hebt.
Für Kosmopoliten: „Chin-Chin!", „Skol!", „Cheers!" usw.

Was Sie essen, kann:
hervorragend, exzellent, vortrefflich, ausgezeichnet, köstlich, sehr gut, appetitlich, sättigend, essbar, unappetitlich, dürftig, mager, schlecht, ungenießbar oder abscheulich sein – natürlich auch sündhaft teuer.
Feinschmecker („Gourmets") haben übrigens noch andere phantasievolle Adjektive: da ist eine Suppe superbe und eine Soße sublime, ein Schweinesteak unter Umständen unter aller Sau.

info

Sind mehrere Gläser erforderlich, so bezeichnet man das Glas, das oberhalb der Messerspitze steht, als **Richtglas**.
Beim Aufstellen von zwei Gläsern und beim Aufstellen von drei Gläsern in Reihenstellung steht meist das Rotweinglas direkt über der Messerspitze. Bevorzugt man die gefälligere Dreieckstellung, steht ebenfalls das Rotweinglas über der Messerspitze. Nach dem Ausheben können auch die anderen Gläser benutzt werden, ohne sie zuvor verschieben zu müssen.

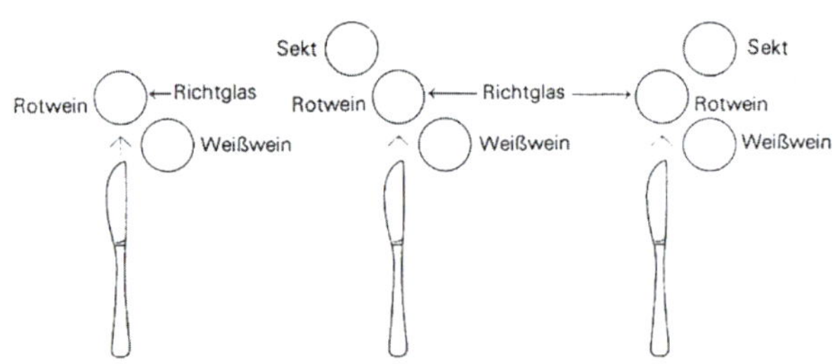

**10** *Die Bemerkungen auf der Gästebefragungskarte sind unvollständig. Bitte ergänzen Sie.*

Zum Europäer
Vierländerspezialitäten

Mir gefällt
die freundlich ................ Begrüßung,
die aufmerksam ................ Betreuung,
die rasch ................ Speisenzubereitung,
die schnell ................ Bestellungsannahme,
die kurz ................ Wartezeit auf die Rechnung,
................ Speisenauswahl,
................ Geschmack ................ Speisen,
................ Temperatur ................ warmen Speisen,
................ Präsentation ................ Speisen,
................ Qualität ................ Salatbüffet ................,
................ Qualität ................ Mehlspeis ................,
die Sauberkeit ................ Haus ................,
die Sauberkeit ................ Restaurant ................,
die Sauberkeit ................ WCs
Ich wurde ................ eine Empfehlung ................ Sie aufmerksam.

## Telefonisch reservieren

**11** **a** *Sie hören gleich ein Telefongespräch. Lesen Sie vorher, was die beiden sagen, und ergänzen Sie den Dialog. Sie wissen ja:*

**LernTipp**

Ein guter Hörer ist ein aktiver Hörer.
Er bereitet sich vor.

**A** Restaurant „Zum Europäer", guten Tag. ................................................................................................ .
**B** Guten Tag, hier spricht Josef Wandermann vom Reisebüro. Wir haben für Samstagabend bei Ihnen ein Bankett für 35 Personen reserviert.

**A** ................................................................................................ .
**B** Jetzt ist ein Problem aufgetaucht. Sechs unserer Gäste sind Vegetarier, sie essen überhaupt kein Fleisch.

**A** Das ist für uns kein Problem. Ich ................................................................
................................................................................ .
**B** Danke. Das ist sehr gut. Diese Gäste sind sehr ................................................
................................................................................ .

**A** Das geht in Ordnung, und ich danke Ihnen für die rechtzeitige Mitteilung.
**B** Besten Dank und bis Samstag.

11 **b** *Hören Sie das Gespräch noch einmal. Waren Ihre Vermutungen richtig?*

11 **c** *Schreiben Sie zum Hörverstehen und der Tischreservierung eine Mitteilung für die Küche.*

**Tischreservierung**
Herr Lange, Generaldirektor der Kosmetikpflegelinie AG, möchte einen Tisch reservieren für Freitag, 20.30 Uhr. Er erwartet 11 Personen zu seinem 50. Geburtstag.
Als Tischdekoration wünscht er blau-weiße Girlanden und passende Kerzen und als Menü eine klassische Speisenfolge ohne Zwischengericht.

*Memo*
*Von: Heiner, Rezeption*
*An: Küche*

*heute Abend, Tisch 4, Blumen, Geburtstag*

*Memo*
*Von:*
*An:*

12 **a** *Entwickeln Sie das Telefongespräch zwischen dem Küchenchef und Herrn Lange. Machen Sie genaue Menüvorschläge, einschließlich Aperitif, Wein und Mokka. Arbeiten Sie zu zweit.*

12 **b** *Hören Sie jetzt das Gespräch und prüfen Sie, ob Ihr Dialog ähnlich war. Die Menüvorschläge können natürlich verschieden sein.*

12 **c** *Machen Sie eine Checkliste für die Vorbereitung dieser Geburtstagsfeier.*

**Beispiel:** Freitag,..................
9.00 Uhr: Wein und Sekt kalt stellen
10.00 Uhr: Desserts für den Dessertwagen zubereiten
..........................................................................
..........................................................................
..........................................................................

**Richtiger Service**
**Die klassische Speisenfolge**
Der Aufbau von Speisekarten und Menüs richtet sich in der gehobenen Gastronomie nach der klassischen Speisenfolge, wie sie am französischen Hof entwickelt wurde. Sie wird in der Vielzahl der Gänge heute kaum noch komplett angeboten, dient aber immer noch als Anhaltspunkt, in welcher Reihenfolge die Gerichte serviert werden sollen.

| Französisch | Deutsch | Englisch | Ihr Land |
|---|---|---|---|
| Hors-d'œuvre | Kalte Vorspeise | Cold starter | ................................. |
| Potage | Suppe | Soup | ................................. |
| Hors-d'œuvre chaud | Warme Vorspeise | Hot starter | ................................. |
| Poisson | Fischgericht | Fish | ................................. |
| Grosse pièce | Großes Fleischgericht | Joint | ................................. |
| Entrée chaude | Warmes Zwischengericht | Hot starter | ................................. |
| Entrée froide | Kaltes Zwischengericht | Cold starter | ................................. |
| Sorbet | Sorbet | Sorbet | ................................. |
| Rôti (salade, compotte) | Braten (Salat, Kompott) | Roast (salad, compote) | ................................. |
| Repas végétarien | Vegetarisches Gericht | Vegetarian dish | ................................. |
| Entremêts de douceur chaude | Warme Süßspeise | | ................................. |
| Entremêts de douceur froide (glace) | Kalte Süßspeise (Eis) | Ice-cream | ................................. |
| Fromage | Käsevariationen | Cheese | ................................. |
| Dessert | Dessert | Dessert | ................................. |
| Mocca | Mokka | Mocca | ................................. |

13 **a** *In welcher Reihenfolge würden Sie die Gerichte servieren? Beachten Sie die zeitliche Reihenfolge.*

**LernTipp**

zuerst – dann – danach – später –
– schließlich – zum Schluss

**A** Salat – Käseplatte – Suppe – Fleischgericht – Kalte Süßspeise
**B** Fischgericht – Warme Süßspeise – Kalte Vorspeise
**C** Nachtisch – Warme Vorspeise – Gemüsegericht
**D** Salat – Fischgericht – Gefrorenes Getränk – Suppe – Warme Vorspeise – Nachtisch – Mokka

13 **b** *Machen Sie nun für die vier Speisenfolgen konkrete Menüvorschläge.*

**Serviceregeln**

1 Bestellungen immer im Uhrzeigersinn aufnehmen!

2 Reihenfolge:
Damen und Herren, Alter und Jugend, Jubilare zuerst, dann die älteren Damen, die jungen Damen, zuletzt die Gastgeber / zuletzt die Herren

3 Links vom Gast muss man vorlegen, anbieten, eindecken und einsetzen (alle Gegenstände, die links stehen: Brot, Brötchen, Toast, Kompott, Salat, Resteteller, Fingerschale, Frühstücksei). Rechts vom Gast muss man eindecken und einsetzen (alle Gegenstände, die rechts stehen: Suppen, Teller mit Speisen, leere Gedeckteller, Kaffee- und Mokkatassen, Gläser), einschenken, ausheben.

info

**14** *Ordnen Sie die Speisen aus der klassischen Speisenfolge den Gängen der modernen Speisenfolge zu.*

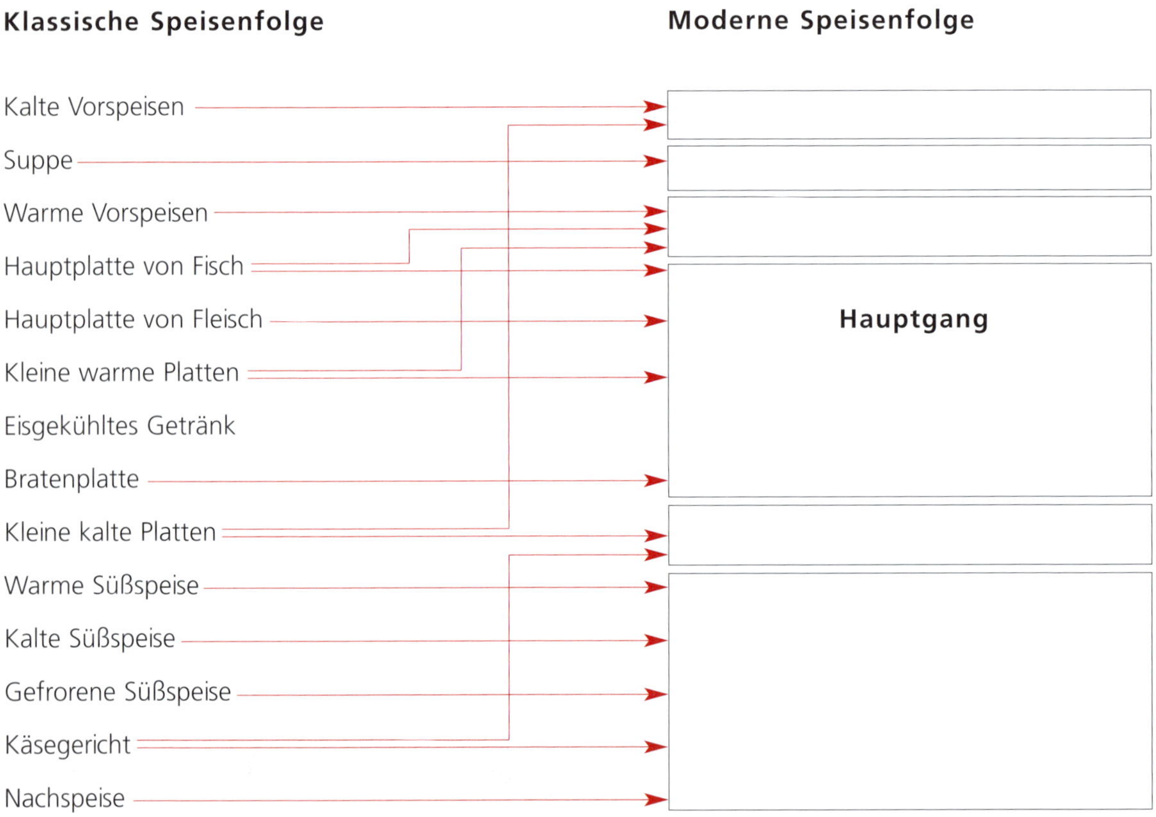


Nachspeise – Zwischengericht – Suppe – Kalte Vorspeise – Warme Vorspeise/Zwischengericht

**15** *Gibt es in Ihrem Land andere Serviceregeln? Sie machen ein Praktikum in Deutschland. Erklären Sie den anderen Praktikanten die Serviceregeln in Deutschland und in Ihrem Land. Sehen Sie sich dazu die Info noch einmal genau an.*

**Beispiel:** Rechts vom Gast musst du einschenken.

**16** *In der Spalte links finden Sie die Gästetypen. Rechts stehen die Eigenschaften. Wie behandeln Sie den jeweiligen Gästetyp?*

**Beispiel:** Der anspruchsvolle Gast will gut informiert werden. – Ich muss versuchen, ihn gut zu informieren.

selbst gute Laune behalten – gut informieren – ruhig und freundlich bleiben – keine teuren Angebote machen – fachsimpeln

| Gästetyp | Eigenschaften | Behandlung |
|---|---|---|
|  der sparsame Gast | Er fragt nach dem Preis, lehnt Luxus ab. | |
| der anspruchsvolle Gast | Er wünscht erstklassige Leistung und Bedienung. | |
| der launenhafte Gast | Sein Gesicht zeigt seine Launen. | |
| der eilige, aufgeregte, nervöse Gast | Dieser Gast fällt durch seine Hast und Eile auf. Er schaut immer auf die Uhr. | |
| der ausländische Gast | Kann die Speisekarte oft nicht lesen. | |

## Körpersprache

**17** *Der Gast sendet durch Körpersprache Signale aus. Ordnen Sie die Signale den Beschreibungen zu.*

a

*verschränkte Arme bei Männern*

b

*verschränkte Beine bei Frauen*

c

*Füße um die Stuhlbeine klammern*

d

*Nase reiben*

e

*zusammengekniffene Augen*

f

*weit geöffnete Augen*

**Beschreibungen**

**1** Aufgeschlossenheit, Interesse für das Angebot
**2** Nachdenklichkeit, Nichtzustimmung
**3** Ablehnung des Angebots, der Konditionen
**4** Unsicherheit
**5** Unsicherheit, aber nicht unbedingt Ablehnung
**6** Ablehnung, Unwillen, Ärger über das Verhalten und Angebot des Kellners

| a | b | c | d | e | f |
|---|---|---|---|---|---|
| | | | | | |

## B In der Hotelbar „Zum Euro-Krug"

Die Legende erzählt, dass die Sieger bei Hahnenkämpfen die Schwanzfedern des besiegten Hahnes bekamen. (cock, engl. Hahn; tail, engl. Feder)

- Cocktails sind Getränke, die aus Dessertwein, Likör und Branntwein, verschiedenen Obstsäften und anderen Komponenten, wie Sirup, Sahne, Früchten gemixt werden.
- Es gibt alkoholhaltige und alkoholfreie Cocktails.
- Cocktails sind Appetitanreger.
- Cocktails werden gut gekühlt, in Likör-, Kelch- und in hohen Stielgläsern serviert.

**18** **a** *Wie bereiten Sie einen Zitronencocktail zu? Können Sie die Schritte in die richtige Reihenfolge bringen?*

| | |
|---|---|
| | **A** mit einem Barlöffel gut vermischen |
| | **B** Zitronensaft, Zitronenlikör zugeben |
| | **C** konservierte Früchte zugeben |
| 8 | **D** vor dem Servieren das Kelchglas mit einer Zitronenschale verzieren |
| | **E** Eiswürfel aus dem Kelchglas nehmen und wegwerfen |
| | **F** Cocktail in das Kelchglas durchsieben |
| | **G** beide Gläser mit Eiswürfeln füllen |
| 1 | **H** ein hohes Glas und ein Kelchglas nehmen |

**18** **b** *Beschreiben Sie nun, wie Sie Ihren Lieblingscocktail zubereiten.*

**LernTipp**

**Bei Beschreibungen: zuerst, dann, danach, ... und Infinitive.**

**18** **c** *Fragen Sie Ihren Praktikumspartner, wie Sie den Zaubertrank vorbereiten sollen. Benutzen Sie z. B. folgende Anfänge:*

**Beispiel:** Soll ich ...............?
Ist es richtig, wenn ich ...............?
Stimmt es, dass ich ...............?
Habe ich richtig verstanden,
dass ich ...............?

**Zaubertrank**
3 Minzezweige
0,5l weißer Traubensaft
Saft von 1 Zitrone
0,25l Grapefruitsaft
1 Tasse klein geschnittene Ananas
1 Prise gemahlene Muskatnuss

Minze in einem Gefäß zerstoßen, die übrigen Zutaten dazugeben, umrühren und kalt stellen. Vor dem Servieren durch ein Sieb geben. Mit etwas Muskatnuss würzen.

**19** **a** *Sie kennen sicher die Bar- und Mixgeräte in Ihrer Muttersprache. Ordnen Sie die Bilder bitte den deutschen Begriffen und Erklärungen zu.*

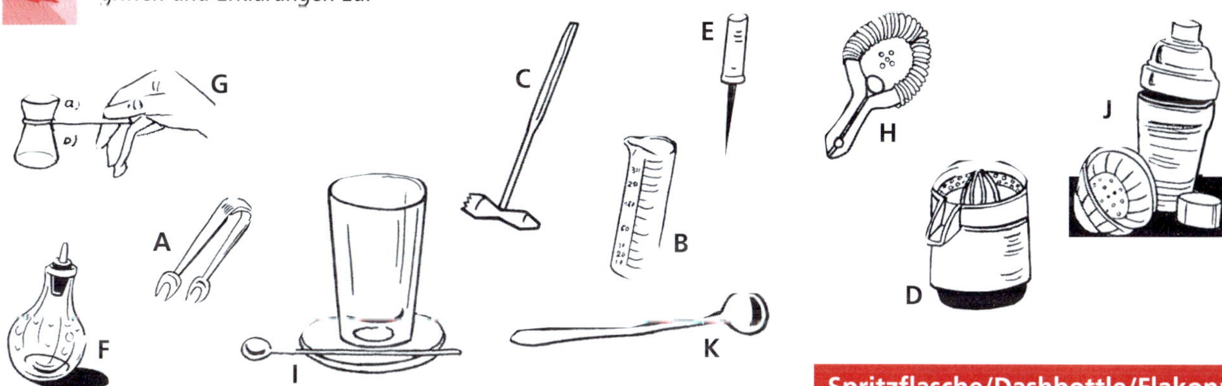


**Spritzflasche/Dashbottle/Flakon:** speziell für Bitterliköre, die zum Abspritzen verwendet werden **7**

**Schüttelbecher/Shaker:** 2- bis 3-teilig; meist wird der 2-teilige benutzt, Unterteil wird auch für gerührte Mixturen verwendet **6**

**Eiszange** **8**

**Barsieb** **3**

**Mixglas:** für gerührte Mixturen **9**

**Eispickel** **10**

**Saftpresse** **4**

**Messzylinder:** für Kontrollzwecke (Barkontrolle, Verbrauchskontrolle) **1**

**Barlöffel:** zum Messen und Rühren **2**

**Messlöffel:** a) kleines Maß b) großes Maß Einteilung in Oz. **5**

| 1 | 2 | 3 | 4 | 5 | 6 | 7 | 8 | 9 | 10 |
|---|---|---|---|---|---|---|---|---|---|
| | | | D | | | | | | |

19 **b** *Sagen Sie, wozu sie dienen.*

**Beispiel:**

Der Barlöffel dient zum ....... / dazu, ......... .
Mit dem Barlöffel kann man ......... .
Um die Menge zu kontrollieren, braucht man ........ .
Wenn man messen und rühren will, braucht man ......... .

20 *Herr Gutewohl ist mit dem Kaffee im Hotel „Vierländereck" nicht zufrieden. Er geht deshalb in die Hotelbar „Zum Euro-Krug". Lesen Sie zunächst das Gespräch und füllen Sie die Lücken aus. Hören Sie dann das Gespräch zweimal. Waren Ihre Vermutungen richtig?*

**G** Also ehrlich, der Kaffee mit Milch morgens im Hotel – das ist kein Kaffee, das ...................................... .

**K** Ich bin sicher, dass wir einen Kaffee ......................................finden. Also der Frühstückskaffee ist Ihnen zu schwach. Dann ................................................................... .

**G** So eine kleine Tasse? Puh! Der ist ja ........................................................... .

**K** Schwarz ......................................, heiß ...................................... und süß ......................................, so muss Kaffee sein.

**G** Meinen Sie? Der ist sicher nicht gut ...................................... .

**K** Warum nehmen Sie dann nicht einen Pharisäer?

**G** ................................................................?

**K** Eine Spezialität aus Norddeutschland. Sie besteht aus ...................................... und Rum.

**G** Alkohol im Kaffee? Nein, danke.

**K** Dann empfehle ich Ihnen ...................................... .

**G** Der riecht richtig gut. Igitt! Aber das ist ja mehr ...................................... .

**K** Den mögen Sie also auch nicht?

**G** Na ja, er schmeckt nicht schlecht. Aber bei uns ist der Kaffee ...................................... .

**K** Dann schmeckt Ihnen dieser hier wohl auch nicht?

**G** Hmmm, doch, herrlich. Das ist endlich ...................................... .

**K** Ja, das ist eben Kaffee nach ...................................... .

**G** Sehen Sie, bei uns schmeckt Kaffee eben doch am besten. Bis morgen früh dann.

**Kaffee-Kantate**

Ei, wie schmeckt der Kaffee süße,
lieblicher als tausend Küsse,
milder als Muscaten-Wein.
Kaffee, Kaffee muss ich haben,
und wenn jemand mich will laben,
ach, so schenkt man Kaffee ein.

Text: Picander (1732), Musik: J. S. Bach (1734)

21 **a** *Und Sie? Welcher Kaffee schmeckt Ihnen am besten? Und Ihrem Nachbarn? Fragen Sie nach.*

21 **b** *Lesen Sie die Info und schreiben Sie in Stichwörtern daneben, was Sie jetzt über den Kaffee wissen.*

**info**

Kaffee (Kaffeebohnen, Bohnenkaffee) sind die von der Fruchtschale vollständig und von der Samenschale (Silberhäutchen) nach Möglichkeit befreiten, rohen oder gerösteten, ganzen oder zerkleinerten Samen von Pflanzen der Gattung Coffea.

Die Heimat des Kaffees ist die Landschaft Kaffa in Äthiopien. Vielleicht ist von dieser Bezeichnung das Wort Kaffee abgeleitet worden. Eine andere Erklärung führt den Namen auf das arabische Wort „quahwä" (das Erregende) und auf das türkische Wort „kahweh" zurück.

Von Kaffa aus verbreitete sich der Kaffee zunächst nach Arabien, von dort aus in die Türkei. Im 17. Jahrhundert wurde der Kaffee auch in Europa bekannt. Der kulturmäßige Anbau erfolgte nur in Arabien. Engländer und Franzosen führten den Kaffeebaum in ihre Kolonien (Westindien, Mittelamerika) ein.

..................................

..................................

..................................

..................................

..................................

..................................

..................................

..................................

..................................

..................................

..................................

..................................

..................................

..................................

..................................

..................................

21 **c** *Wie heißen die Kaffeearten? Ordnen Sie zu.*

**A** Sehr stark aufgebrühter Kaffee, ursprünglich aus besonders stark gerösteten Kaffeebohnen zubereitet.

**B** In einer Spezialtasse serviert, mit geschlagener Sahne oder aufgeschäumter Milch bedeckt und mit Schokoladenpulver bestreut.

**C** Mit braunem Zucker gesüßt, mit irischem Whisky vermischt und gesüßter Schlagsahne bedeckt im Spezialglas serviert.

**D** Doppelter Mokka in der Spezialtasse mit Zucker, Kakaopulver und erhitztem Rum vermischt, mit einer Sahnehaube und Zimt bedeckt.

**E** Bohnenkaffee mit aufgeschäumter/gequirlter Milch und Schokoladeflocken.

**F** Vanilleeis, schwarzer, alter Kaffee, Schlagsahne obendrauf.

## Getränke des Nordens

***Pharisäer***
*1 Tasse starken Kaffee*
*3 Stück Zucker*
*1 Schnapsglas Rum*
*geschlagene süße Sahne*

*Eine Tasse starken Kaffee. Zucker und Rum hinzufügen, eine Haube Sahne obendrauf. Es darf nicht umgerührt werden!*

***Tote Tante***
*1/2 Tasse süße Schokolade*
*1 gr. Schnapsglas Rum*
*geschlagene süße Sahne*

*1 Tasse halb voll süßer Schokolade füllen, 1 gr. Schnapsglas Rum hinzufügen, darauf 1 gr. Haube geschlagene Sahne setzen. Mit Schoko-streuseln garnieren.*

***Eiergrog***
*1 Eigelb*
*1 Esslöffel Zucker*
*1 Gläschen starken Rum*
*kochendes Wasser*

*Ein Eigelb mit einem Esslöffel Zucker schaumig schlagen, das ganze in ein Grogglas füllen, Rum hinzufügen und mit kochendem Wasser auffüllen.*

***Tee-Punch***
*1 kl. Tasse Tee*
*1 Löffel Kandis*
*1 gr. Schnapsglas „geele Körn"*

*Einen Löffel Kandis in einer Tasse Tee auflösen und mit einem großen Schnapsglas „geele Körn" auffüllen.*

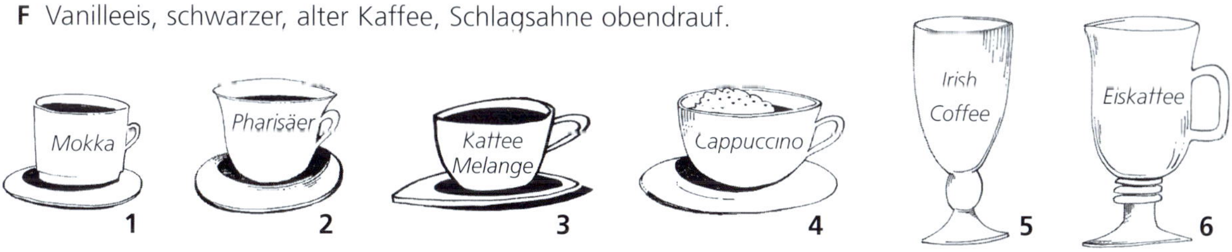


| A | B | C | D | E | F |
|---|---|---|---|---|---|
| | | | | | |

# C Mit Sprache spielen

**22** *Summen Sie den Kanon zuerst mit. Wer dirigiert und gibt die Einsätze für den Kanon?*

**23** *Sie können sich wieder für Ihre Spielesammlung ein Quartett „Essen und Trinken in vielen Ländern" ausschneiden. Karten zum Herunterladen finden Sie unter www.fraus.com.*

## Quartettspiel „Essen und Trinken in vielen Ländern"

**Spielregel:**
Jedes Quartett hat vier unterschiedliche Karten zu nationalen Spezialitäten, z.B. „Französische Spezialitäten", die Sie sammeln und ablegen müssen. Gewinner ist, wer die meisten Quartette ablegt. Alle Karten werden gemischt und verteilt. Lassen Sie sich nicht in die Karten gucken!
Spieler 1 fragt nach einer Karte, die zu seinem gewünschten Quartett passt.

**Französische Spezialitäten**

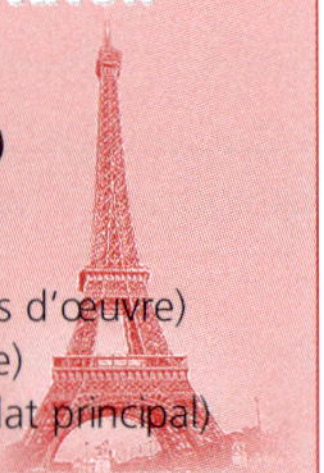

*Was würdest du als* ***Nachtisch (Dessert)*** *empfehlen?*

- die Vorspeise (Hors d'œuvre)
- der Käse (Fromage)
- der Hauptgang (Plat principal)

\+ Die berühmten Tartes aux Fruits, das sind ganz dünne Blätter- oder Mürbeteigböden mit Äpfeln oder Erd-, Wald- oder Himbeeren belegt.
– Schwer zu sagen!

**Beispiel:** Spieler 1 hat aus dem Quartett „Französische Spezialitäten" die Karte mit der unterlegten Frage: *„Was würdest du als* ***Nachtisch*** *empfehlen?"*.
Er möchte die Karten: – Hauptgang, – Käse und – Vorspeise. Er richtet sich an einen Mitspieler 2 und formuliert seine Frage sinnentsprechend um: „Was würdest du als Hauptgang nehmen?", „.........?", „.........?". Wenn der Mitspieler 2 die gewünschte Karte hat, liest dieser die Antwort vor, hier z.B.: „Seezunge auf einem Porreebett ... „ oder „Eine Käseplatte mit Camembert ...." oder „Eine Quiche Lorraine ...." und gibt die Karte ab. Spieler 1, der die Karte bekommen hat, stellt erneut einem anderen Mitspieler eine Frage. Wenn dieser Mitspieler die gewünschte Karte nicht hat, antwortet er: „Schwer zu sagen!" und jetzt ist er an der Reihe.

Und nun viel Spaß beim Essen und Trinken!

**24** *Stand auf der ANUGA Food TEC in Köln.*
*Ziel: in Kontakt treten, Kompromisse schließen, Auswahl begründen.*

**a** *Sie sollen auf der ANUGA Food Tec in Köln Ihr Land repräsentieren. Überlegen Sie, was Sie einpacken müssen, z. B. Produkte, die Ihr Land gut darstellen. Denken Sie auch daran, dass Sie alles für den Stand mitnehmen. Sie sind zunächst allein. Wählen Sie von 24 Angeboten 16 aus.*

**24** **b** *Nehmen Sie Ihre 16 Gegenstände, suchen Sie sich eine Messebegleitung und einigen Sie sich auf 15 Gegenstände. Sie finden die Redemittel für diese Gespräche im Sprachbaukasten unten.*

**1** verschiedene Rot- und Weißweine
**2** verschiedene Champagnersorten
**3** CD-Player für Musikuntermalung
**4** Erste-Hilfe-Koffer für kleine Unfälle
**5** Spielesammlung für die Kinderecke
**6** Regale zum Aufstellen aller Produkte
**7** Decken, Servietten mit Mustern und Bildern aus dem Land
**8** Werbehandzettel, Prospekte, Broschüren
**9** Preislisten für alle Produkte
**10** naturreine Obstsäfte aus dem Biogarten
**11** Holzofenbrote nach und mit alten Rezepten zum Probieren und Verteilen
**12** verschiedene Gläsersets für Wein-, Champagner-, Kognak-Proben
**13** Vasen für die Blumendekoration
**14** Fernsehapparat für Werbefilme und Videoclips
**15** Hängeboxen für Prospekte
**16** kleine Sessel und Tischchen für Sitzecken
**17** Geschirr für Probierhappen
**18** Visitenkarten
**19** Namensschilder und Kleidungsstücke zur Werbung (Mützen, Kappen, Schürzen, Krawatten, Schals und Tücher)
**20** Prospektständer
**21** Plakate
**22** Werbegeschenke
**23** Laptop mit Internetzugang und für Powerpoint-Präsentation
**24** Verpackungsmaterialien wie Tüten und Umwelttaschen

**24** **c** *Als Tandem suchen Sie sich noch ein Tandem; einigen Sie sich auf 12 Gegenstände.*

**d** *Und schließlich zu acht: einigen Sie sich auf 10 Gegenstände.*

Auf jeden/keinen Fall brauchen wir ...................... / sollten wir ........
Ich an deiner/eurer/Ihrer Stelle würde ............
Wir brauchen ganz bestimmt ......................, denn/weil .........................
Ohne .......... können wir .............................. nicht
Wenn du dein Land richtig vertreten willst, musst du daran denken, dass .......................... / darfst du nicht vergessen, ...........
Wir haben uns darauf geeinigt, nur ......., denn .....................
Wenn ihr nicht anders wollt, dann müssen wir eben ...........

**Viel Erfolg bei der Messe!**

## D Koffer

### Kopfstand

Der Kopfstand ist eine Methode, die
- Aufgaben und Probleme von verschiedenen Seiten angeht,
- festgefahrene Sichtweisen und Denkblockaden auflöst,
- Barrieren, die bei einer Problemlösung stören, erkennt,
- Kreativität und das Spiel mit der Sprache fördert.

**So gehen Sie vor:**
- Suchen Sie in der Gruppe nach Ideen, bei denen man das Problem in sein Gegenteil verkehren kann.
- Suchen Sie zu jeder Kopfstandfrage/Umkehrungsidee eine Gegenlösung (Stellen Sie also das Argument wieder vom Kopf auf die Füße.)

**Beispiel:** Ich bin zum Vorstellungsgespräch eingeladen:

**Umkehrungsidee:** Was muss ich tun, um die Stelle **nicht** zu bekommen?
– Das Handy anlassen und wenn es klingelt, auch abnehmen.
**Gegenlösung:** – Kein Handy mitnehmen oder unbedingt ausschalten.

# Das Reisebüro

## Einstieg
## Berufsbild: Reisebüroassistent

**Hotel Vierländereck**

Als Reisebüroassistent beraten Sie die Kunden über mögliche Reiseziele, stellen Reiserouten zusammen, besorgen Flug- und andere Fahrscheine, reservieren Hotelzimmer, informieren über Pass-, Visa- und Impfbestimmungen. Sie kalkulieren die Preise, planen Werbemaßnahmen und entwerfen Werbepläne für ein bestimmtes Gebiet. Natürlich sind Sie auch kontaktfreudig und beherrschen mindestens zwei Fremdsprachen. Dass der Computer Ihr ständiger Helfer ist, versteht sich von selbst.

**a** *Welche Voraussetzungen sollte man in diesem Berufsfeld mitbringen?*

| Reisebüroassistent/-in | weniger wichtig | wichtig | sehr wichtig |
|---|---|---|---|
| Organisationstalent | | | |
| Kontaktfähigkeit | | | |
| Freundlichkeit | | | |
| gute Umgangsformen | | | |
| Fremdsprachenkenntnisse | | | |
| Belastbarkeit | | | |
| Verkaufstalent | | | |
| Kenntnisse in der Tourismusgeografie | | | |
| Fähigkeit zur Zusammenarbeit | | | |
| Kenntnisse in EDV, Kalkulation | | | |

**b** *Arbeiten Sie zu zweit. Suchen Sie Beispiele für diese Voraussetzungen.*

**Beispiel:** Was heißt Kenntnisse in der Tourismusgeografie?
Sie müssen wissen, wo die Ferienziele liegen, wie man dahin kommt und wie das Wetter dort in der jeweiligen Saison ist.

**c** *Entwerfen Sie für das Team von Reisebüroassistenten die passende Kleidung. Die besten Entwürfe kommen an die Wandzeitung.*

# A Arten von Reisebüros

Ein Reisebüro ist ein Dienstleistungsbetrieb, in dem man dem Kunden durch Arbeit und Leistung hilft, seine Ferienträume zu erfüllen.

**TOUR OPERATOR**

Reiseveranstalter
Diese Büros kaufen:
- Sitzplätze, Flugscheine oder chartern ein ganzes Flugzeug
- Unterkünfte, wie Hotelzimmer oder Ferienwohnungen
- Kabinenplätze oder chartern ein ganzes Schiff
- Busplätze oder chartern einen ganzen Bus

**RETAILER**

Reisevermittler
Diese Büros vermitteln Dienstleistungen, wie z. B.
- eine Pauschalreise von einem Tour Operator
- einen Sitzplatz im Flugzeug
- ein Hotelzimmer
- eine Theaterkarte
- eine Fährenüberfahrt

info

**1** **a** *Lesen Sie die Anzeigen und ergänzen Sie den Raster.*

**Dr. Tigges**

*... und unvergesslich die Welt erfahren – mit dem Dr. Tigges Studienreiseleiter!*

Bieten Sie Ihren Kunden unvergleichliche Momente: An der Seite des Dr. Tigges Studienreiseleiters erleben unsere Gäste einmalige Augenblicke, werden verborgene Geheimnisse und faszinierende Besonderheiten lebendig. Das ist unser Anspruch seit 75 Jahren.

... z. B. Ägypten
Ewig lockt das Morgenland

Die pulsierende Metropole Kairo, die fantastischen Pyramiden sowie das Tal der Könige gilt es zu entdecken. Ihre Kunden genießen die reizvolle Nillandschaft während ihres Aufenthaltes auf der komfortablen MS Crown Emperor.

**Studienreise – 8 Reisetage** **ab € 1.495,-**

**Katalogbestellung:**
Start TOMA mit Aktion „IP",
www.DrTigges.de oder telefonisch
unter 0431/544-0

World of TUI

**tpm-Reisebüro**

**seit 16 Jahren**
**Ihr Fachberater für Reisen**

- TUI • DERTOUR • ADAC
- AMEROPA • LTU • Neckermann
- Linien- + Charterflüge
- Luxus- und Studienreisen
- Städtereisen
- Kreuzfahrten, z. B. CUNARD
- Fluss- und Seetouristik
- Kreuzfahrten • Fähren
- Individuelle Reisen
- Club Med & Sportreisen
- Gruppen- und Schülerreisen
- Kurzfristige Reisen

80798 München Schelling-125
Ecke Schwindstr. 20 ☐ C/24
☎ 523 61 71 Fax: 523 34 75
www.diemuenchner.de/
tpm_reisebuero

tpm

**Studiosus UrlaubsCenter**

- Studienreisen
- Bade- und Cluburlaub
- Kreuzfahrten
- Linienflüge

80331 München • Oberanger 6
(gegenüber vom Stadtmuseum)
☎ **23 50 52-0** • Fax: 23 50 52-20

Verwaltung:
80992 Riesstr. 25
☎ **500 60-0**
Fax: 500 60-100
www.studiosus.com

Transit Travel Service,
80992 Pelkoven-29 ☐ F/35 ........ 141 97 97
Wagner,
80993 Werner-Friedmann-Bogen 6 ☐ H/34 ........ 790 24 65

1 **b** *Lesen Sie den folgenden Text und unterstreichen Sie zunächst alle für eine Online-Reservierung wichtigen Verben, dann alle Zugriff Buttons und die Konditionen für Reservierung und Bezahlung.*

**Besuch im virtuellen Reisekaufhaus**

Ticket, Hotel und Mietwagen aus einer Hand-Tipps für die Reiseplanung mit der DB Homepage www.bahn.de
Die DB hat ihre Internet-Homepage www.bahn.de zum kompletten Online-Reisebüro erweitert. Hier gibt es per Mausklick alles, was man braucht: Bahn- und Flugtickets, Hotels in allen Preisklassen und auch den Mietwagen für die individuelle Mobilität am Ziel. Das alles kann man rund um die Uhr bequem von zu Hause, aus dem Reisebüro oder auch online von unterwegs buchen.
Ein Buchungsbeispiel für ein superlanges Wochenende im Oktober in Freiburg im Breisgau:
Die Anreise erfolgt mit ICE oder mit Intercity, Quartier soll ein zentrales Stadthotel sein, und für zwei Tage soll ein Mietwagen für Ausflüge ins Elsass und in den Schwarzwald zur Verfügung stehen.
Der Schlüssel zur Reiseplanung liegt in der Hauptmenüleiste unter dem Button „Buchen & Kaufen". Zunächst begibt man sich in „Fahrkartenshop", um z. B. den Sparpreis für zwei Personen nach Freiburg und zurück für ..........**€** zu kaufen. Am besten reserviert man auch gleich die Plätze. Bezahlt wird entweder mit Kreditkarte oder per Lastschrift. Die Tickets kommen mit der Post ins Haus. Jetzt sucht man ein Hotel. Dafür klickt man in der senkrechten Menüleiste auf die Schaltfläche „Hotels", gibt „Freiburg" sowie das An- und Abreisedatum ein. www.bahn.de greift auf die „HRS" zu, die weltweit 90 000 Hotels listet und für Freiburg Anfang Oktober elf freie Hotels zwischen ..........**€** und ..........**€** pro Nacht für ein Doppelzimmer anbietet. Gezahlt wird im Hotel. Für den Mietwagen gibt es unter www.bahn.de einen speziellen Button, mit dem man zum neuen virtuellen „Mietwagen-Agenten" surft. Die Bahn bietet hier die Online-Buchung des Leihwagens für jede Avis-Station in Deutschland sowie in elf weiteren Ländern an.

1 **c** *Erklären Sie Ihrem Partner, der noch nie online gebucht hat, wie er vorgehen muss. Fangen Sie so an:*

Wenn du online eine Reise, z. B. mit der DB buchen willst, gehst du am besten .................. .

2 **a** *Sie hören nun vier Last-Minute-Angebote. Bitte lesen Sie vorher die Stichpunkte, denn Sie wissen ja:*

**LernTipp**
LernTipp

**Ein guter Hörer ist ein aktiver Hörer.
Er bereitet sich vor.**

Hier ist wieder der Telefonservice des Reisebüros „kommunikativ reisen" mit unseren Last-Minute-Angeboten. Wenn Sie eines dieser Angebote interessiert, rufen Sie sofort an oder schicken Sie uns ein Fax. Sie erreichen uns unter der Nummer: 01-478-6928 oder 01-478-9876.

2 **b** *Welche Angaben zu folgenden Stichpunkten können Sie aus den vier Angeboten entnehmen? Notieren Sie.*

**1** Reiseziel
**2** Jahreszeit
**3** Verkehrsmittel
**4** Hotel (hier mindestens drei Angaben)
**5** Programm-Angebote und Hits
**6** Sonderangebote
**7** Preis (inklusive Halbpension usw.)

3 *Bitte hören Sie das Telefongespräch im Reisebüro und füllen Sie die Checkliste aus. Lesen Sie sich die Stichpunkte vorher durch.*

| | | | |
|---|---|---|---|
| Abflug am: | Flug mit: | von: | via: |
| | um: | | |
| Ankunft um: | um: | | |
| Sitzplatz: | | | |
| Besondere Wünsche: | | | |
| Rückflug | mit: | ab/von: | am: |
| | | um: | |
| Ankunft in: | | | |
| Sitzplatz: | | | |
| Besondere Wünsche: | | | |
| Mietwagen: | | | |
| Übernachtung | | im: | |
| Zimmer: | Preis: | | Bezahlung durch: |

4 *Sie hören nun den zweiten Teil mit wichtigen Einzelheiten, die bei einem solchen Telefongespräch wiederholt werden müssen. Prüfen Sie beim Hören, ob Sie an alles gedacht haben.*

| Hypothese | Richtig |
|---|---|
| | – Montag, 7.7. |
| | – |
| | – Business |
| | – |
| | – |
| | – usw. |

**Standorte für Reisebüros**
Ein Retailer sollte für sein Büro eine gute Lage suchen, am besten im Zentrum oder an einer belebten Fußgängerzone (Passantenlage). Der Verkaufsraum eines Retailers sollte gut zugänglich sein. Große Schaufenster sollten auf das Angebot aufmerksam machen.

5 **a** *Sie und Ihr Partner suchen Räume für Ihr Reisebüro. Begründen Sie, warum bestimmte Faktoren die beste Lage des Büros positiv oder negativ beeinflussen.*

**Beispiel:** + In der Nähe eines Kaufhauses, weil ......... .
– Nicht im 1. Stock, weil ......... .

Stadtzentrum – Schaufenster – 1. Stock – Treppe – Erdgeschoss – Straße – Rollstuhl – Gasse – Büroräume – Fußgängerzone – Kaufhaus – Theater – Gaststätte – Allee – Parkplätze

5 **b** *Ordnen Sie den Substantiven passende Adjektive zu:*

Büroräume: hell, ..........................................................
Schaufenster: ..............................................................
Treppe: .......................................................................

**6** *Sie machen Ihr Praktikum im Reisebüro „kommunikativ reisen". Das Büro sucht neue Räume und schickt Sie ins Zentrum, damit Sie die Lage einiger Immobilienangebote prüfen. Überlegen Sie mit Ihrem Partner, welche Räume in Frage kommen.*

**Beispiel:** **A** Hier in der Warschauer Straße 3, gleich gegenüber ist ein Kaufhaus.
**B** Aber der Raum liegt doch im 1. Stock!
*oder:*
**A** Das Gebäude da an der Ecke liegt direkt in der Nähe der Fußgängerzone.
**B** Aber wo sind die Parkplätze? Viel zu weit weg.

**A** ............................................................................................................................ .

**B** ............................................................................................................................ .

**7** **a** *Beschreiben Sie jetzt das ideale Reisebüro. Die Wörter im Kasten helfen Ihnen. Benutzen Sie Modalverben.*

**Beispiel:** Der Empfangsraum sollte gut beleuchtet sein.

Flugreisen – Empfangsraum – Restaurants – sichtbar – ändern – beleuchtet – ständig – Passantenlage – Broschüren – Arbeitsbücher – Büroquartier – Schiffspassagen – Verkaufsraum – Überseereisen – leichter Zugang – hell – leicht zu öffnen – zur Hand – keine Plakate – Europareisen – attraktiv – in der Nähe – sofort – vermitteln – Schwingtür – Hotel – die Handbücher – das Telefon – professionell – Blick nach innen – die Auslage – sauber – frei – Computer – Büroviertel – sich wohl fühlen

## Einrichtung des Reisebüros

**7** **b** *Welche Gegenstände braucht man in einem modernen Reisebüro? Richten Sie es ein.*

**Beispiel:** Stell das Faxgerät in die Ecke.
*oder*: Die Prospektständer gehören an die Wand.

Displays – Pflanzen – Schirmständer – Telefone – Prospektständer – Computer – Garderobenständer – Faxgerät – Stühle – CD-Player – Videogerät – Kundentisch

**8** *Bilden Sie Gruppen und gründen Sie die Übungsfirma „kommunikativ reisen".*

**a** *Richten Sie Ihr Reisebüro ein. Machen Sie eine Skizze. Benutzen Sie dafür die Wandzeitung, die Pinnwand oder den Computer. Im Koffer von Lektion 3 finden Sie Hilfen zu „Präsentieren und Visualisieren".*

**8** **b** *Begründen Sie, warum z. B. die Prospektständer in der Nähe der Tür stehen sollten.*

## Reisebürogründung

Wer ein Reisebüro gründet oder leitet, muss bestimmte Gesetze kennen und einhalten. Jedes Reisebüro muss eine Reisebürolizenz haben. In einigen Ländern bestehen bis zu drei verschiedene Lizenzen:

Lizenz **A** erlaubt alle Reisebürotätigkeiten inkl. Produktion und Verkauf für weltweite Reisen.
Lizenz **B** erlaubt dasselbe wie Lizenz A, aber nur für Inlandsreisen.
Lizenz **C** erlaubt dem Reisebüro nur bestimmte Tätigkeiten auszuüben, wie z. B. Hotel-Reservation tätigen, Bahnfahrscheine ausstellen usw.

**9** *Erkundigen Sie sich, welche Lizenzen in Ihrem Land bestehen. Nutzen Sie soweit wie möglich das Internet, um die nötigen Informationen zu beziehen.*

In jedem Reisebüro gibt es viel aufzubewahren, z. B. Formulare, Reiseprospekte, Handbücher usw. Dafür gibt es Ablagearten.
Chronologisch heißt: es wird so abgelegt, wie die Formulare ankommen.
Geografisch heißt: je nach Kontinent, Land oder Gegend.
Nummerisch heißt: nach Ziffern.

**10** *Bitte ordnen sie die folgenden Dinge der richtigen Ablageart zu:*

Hotelprospekte – Reiseprospekte – Länderbroschüren – Zahlungsbestätigungen – Abrechnungskopien – Tarifänderungsmitteilungen – Flugtickets – Flugscheinkopien – Mietwagentarife – Voucherformulare – Buchhaltungsunterlagen

**A** chronologische Ablageart ........................................................................

**B** geografische Ablageart ..........................................................................

**C** nummerische Ablageart ..........................................................................

**D** Ablage nach Themen ..............................................................................

## Der perfekte Reiseberater

Viele Menschen und Arbeitsvorgänge sind nötig, bis das Produkt „Ferien" oder „Reise" beim Retailer angelangt ist. Den Angestellten, der dieses Endprodukt dem Kunden verkauft, nennt man Reiseberater, Expedient oder Consultant.

**11** *Viele Reisebüros bieten jungen Menschen eine Arbeitsstelle an. Notieren Sie die Anforderungen, die in folgenden Anzeigen an einen Reiseberater gestellt werden.*

Für die Beratungs- und Reservierungsabteilung unseres Skandinavien-Touroperatings in Baden suchen wir für Ende Februar / Anfang März 20.... motivierte/n

# Elch oder Elchin

**Wir erwarten:**
- abgeschlossene Ausbildung im Reisebüro und Erfahrung im Reisebüro / Touroperating
- Pars- / Gallio-Kenntnisse
- kühlen Kopf in hektischen Zeiten
- Freude, im Team mitzuziehen

**Wir bieten:**
- moderne, helle Arbeitsplätze
- interessante Arbeit und ein gut eingeführtes Programm
- branchenüblichen, mageren Lohn
- Arbeitstage, die im Nu vergehen

Pensum 80-100% möglich. Auf Grund der hohen Saisonschwankungen wird im Frühjahr Bereitschaft zu Überstunden erwartet mit Recht auf Abbau ab August. Möglichkeit für längere Urlaube jeweils in der 2. Jahreshälfte.

Bewerbungen bitte an:
**KONTIKI REISEN**

kontiki
FÜR FERIEN IM NORDEN

IMAGINE...
BESSER INFORMIERT REISEN

Stell dir vor, ..............

## EINEN TRAUMJOB

können wir dir nicht bieten. Aber in Bern erwarten dich:
- sehr unterschiedliche Kundinnen und Kunden
- eine interessante Tätigkeit in einem kleinen Team
- eine 80%-Stelle und zeitgemäßes Salär
- bis zu 10 Wochen bezahlter Urlaub
- Möglichkeiten zur Weiterbildung

## ALS REISEBERATER/-IN

solltest du Folgendes mitbringen:
- breitgefächerte Reiseerfahrung außerhalb Europas
- Freude am Beraten und Verkaufen von Reiseträumen
- RB- oder gleichwertige Ausbildung
- EDV-Erfahrung
- Fremdsprachen: Französisch, Englisch und evtl. Spanisch

Interessiert?
Dann freuen wir uns auf deine Bewerbungsunterlagen mit einer Liste deiner Reiseerfahrungen.

Möchten Sie die vielseitigen Wünsche unserer anspruchsvollen Privatkunden erfüllen und lieben Sie selbstständiges Arbeiten? Dann sind Sie unser/e

## Reiseberater/-in

die Ergänzung in unserem jungen initiativen Schalterteam, die wir ab September oder nach Vereinbarung suchen. Wenn Sie:

- Branchenerfahrung haben, D/F/E sprechen
- mit FOCALPOINT, GALLILEO, TOURBO, OPAL arbeiten können oder möchten
- gute Deutschkenntnisse haben

sollten Sie Urs Bauer oder Walo Schnyder anrufen, damit wir Ihnen mehr sagen können.

**Reisebüro Wm Müller & Co,**
CH-4002 Basel, Steinenvorstadt 33, Tel. (41-61) 2813380

Der Reiseberater sollte: ..................................................

..................................................

..................................................

..................................................

..................................................

..................................................

..................................................

..................................................

..................................................

Die Reisebüros bieten: ..................................................

..................................................

..................................................

..................................................

..................................................

..................................................

..................................................

..................................................

Ein Reisebüro braucht für die effiziente Kundenberatung viele Nachschlagewerke und Handbücher, die heutzutage immer mehr durch entsprechende Computerprogramme abgelöst werden.

**12** *Nennen Sie Arbeitshilfen für folgende Bereiche:*

Reise: Fahrpläne, ..................................................

Aufenthalt: ..................................................

Besichtigung: ..................................................

Freizeit: ..................................................

13 **a** *Erkundigen Sie sich in einem Reisebüro Ihres Landes, wogegen sich die Reisenden versichern?*

13 **b** *Was ist eine Reiserücktrittsversicherung? Erklären Sie einem Kunden, warum er eine solche abschließen sollte.*

## B Angebote im Reisebüro

### VIEL LEISTUNG – WENIG GELD!

#### Clubtouren

| 2-Tage-Reisen | *(ab Euro)* |
|---|---|
| **Weinzauber-Reise** | 59,- |
| **Hamburger Bordparty** | 99,- |
| **Seereise „Kurs Schweden"** | 148,- |
| 2½-Tage-Reisen | |
| **Hee! Moin, Moin!** | 125,- |
| **Piratenfete am Edersee** | 136,- |
| **Winzerspaß und Moselfete** | 139,- |
| **Danz up de Deel** | 139,- |
| **Rheinischer Frohsinn** | 158,- |
| 3-Tage-Reisen | |
| **Bootsparty auf der Donau** | 169,- |
| **Sagenhafter Odenwald** | 179,- |
| **Ritterlicher Frankenspaß** | 184,- |
| **Seereise nach Göteborg** | 188,- |
| **Wildes Spessart-Weingelage** | 195,- |

#### Skireisen 2002

| 9-Tage-Reisen | | *(ab Euro)* |
|---|---|---|
| **Dolomiti-Super-Ski** | 7x HP | 379,- |
| 10-Tage-Reisen | | |
| **Oberbayern** | 7x ÜB | 225,- |
| **Österreich** | 7x ÜF | 249,- |

#### Städtereisen

| | | *(ab Euro)* |
|---|---|---|
| **Brüssel** | 2-4 Tage | 69,- |
| **Hamburg** | 2-3 Tage | 78,- |
| **Paris** | 2-7 Tage | 88,- |
| **Berlin** | 2-10 Tage | 88,- |
| **Dresden** | 2-4 Tage | 88,- |
| **München** | 3-9 Tage | 98,- |
| **Stuttgart** | 2-3 Tage | 98,- |
| **Prag** | 4-7 Tage | 109,- |
| **Leipzig** | 3 Tage | 111,- |
| **Straßburg** | 3-4 Tage | 149,- |
| **London** | 3-8 Tage | 189,- |
| **Wien** | 5-6 Tage | 255,- |
| **Budapest** | 6-7 Tage | 319,- |
| **Rom mit Verona + Florenz** | 7-8 Tage | 444,- |
| **Nordische Hauptstädte** | 7 Tage | 489,- |

#### Saisonfahrten

| 10-Tage-Reisen | | *(ab Euro)* |
|---|---|---|
| **Österreich/Tirol** | 7xHP | 299,- |
| **Oberbayern/Inzell** | 7xHp | 366,- |
| **Garmisch-Partenkirchen** | 7xHP | 289,- |

Alle angegebenen Preise in EURO.

Buchen Sie Ihre Club-, Städte- oder Musicalreise
**3% Frühbucherrabatt**
auf alle Reisen aus dem Clubpass-Katalog 2002

GRAF'S REISEN
**Tel.: 02325/985444**
oder in Ihrem Reisebüro

---

**ISKA Sprachreisen**

Stiftung Warentest test 2/80 2/86, 2/89 gut Schüler-Sprachreisen nach England

**Schüler**
- USA
- England
- Frankreich
- Schuljahr 98/99

**Erwachsene**
- Bildungsurlaub
- Einzel-Crash-Kurse
- Hochintensive Kleingruppen
- Intensiv- + Ferienkurse
- Zertifikatskurse
- Firmenkurse

FDSV

Hausener Weg 61 · 60489 Ffm.
Tel. (069) 9784720, Fax 783029

---

**Jemen**

Reisen in kleiner Gruppe oder individuell organisiert.
Kamel- u. Eseltrekkings, Tauchen, Frauenreisen u. a.

**Eva Steib**
**Jemen Reiseservice**
Dühringstr. 10
74076 Heilbronn

Tel.: 07131/17 16 66, Fax: 07131/ 17 16 84

---

**Trekking- und Erlebnisreisen**

- **La Gomera**
- **El Hierro**
- **La Palma**
- **Teneriffa**
- **Nepal**
- **Dolomiten**

Inseltrekking – Mountainbiken – Kulturwanderreisen – Früchtefasten – Kurztrekking – Vermietung Kanarische Landhäuser…Neue Reiseziele – Neue Touren – In kleinen Gruppen
**Andere Wege gehen – mehr erleben**

**Jetzt anfordern: Gesamtkatalog '04!**

Gomera Trekking Tours: **0911/20787**
Sandstr. 1a – 90443 Nürnberg Fax 20799

14 **a** *Suchen Sie Komposita mit „Reise". Die Anzeigen helfen Ihnen.*

| | | |
|---|---|---|
| | service | |
| | -reise<br>Reise- | |
| leiter | Senioren | |

14 **b** *Wählen Sie zu zweit drei Reiseformen aus und beschreiben Sie diese.*

**Beispiel:** Eine Musikreise ist eine Reise mit vielen Musikprogrammen.
Unter einer Sprachreise versteht man eine Reise, .............. .

## Tipps und Trends

15 **a** *Verschiedene Reisebüros oder Fremdenverkehrszentralen bieten interessante Programme an. Lesen Sie die Titel der Anzeigen und stellen Sie Hypothesen auf. Für wen sind diese Angebote bestimmt?*

**Beispiel:** „Radler im Heu" ist sicher für junge Leute, die mit dem Fahrrad fahren und für Hotels kein Geld haben.

**Schlafen in der Uni**

Rund 60 Universitäten in Großbritannien bieten während der Semesterferien von Juni bis September Übernachtungsmöglichkeiten für jedermann. Die Kosten liegen zwischen 20 und 30 ▯.
**Infobroschüre:** British Universities Accommodation Consortium, Box 1316, University Park, NG 7 2RD, England

**Kloster auf Zeit**

Die Mönche der Abtei Himmerod bei Manderscheid in der Vulkaneifel laden in das Kloster ein. Wer am spartanischen Leben der Mönche teilnehmen möchte, ist dort ebenso willkommen wie der Ruhesuchende.
**Info:** Vulkaneifel Touristik & Werbung GmbH, Mainzer Straße 25a, 54550 Daun, Tel. 06592-933250

**Wie Robinson**

Für ein paar Tage unter heißer Sonne leben wie Robinson Crusoe – das und viel mehr verspricht der neue Chile-Katalog des Ludwigsburger Reiseveranstalters „Karawane – Individuelles Reisen"

**Anforderung:** Karawane, Schorndorfer Str. 149, 71609 Ludwigsburg, Tel. 07141/28 48 50

**Basare in Dubai**

Gewürzmärkte, Moscheen, Basare und ein Stück Wüste sind im Emirat Dubai zu erleben.
Bis Ende Februar wird eine 8-Tagetour zu 890 □ angeboten.

**Info:** 030/7954021

**Radler im Heu**

In sechs Heu-Höfen können Radfahrer entlang des Nordostsee-Kanals übernachten.
Wer mit eigenem Schlafsack anreist, bekommt Übernachtung auf dem Heuboden inklusive Frühstück ab 10 □.

**Info:** Fremdenverkehrszentrale, Am Altstädter Markt, 24768 Rendsburg, Tel. 04331/21120

**Reise in die Sauna**

Saunafans können vom 23.-31. Mai zum Ursprung der Sauna nach Finnland reisen. Höhepunkte sind Besuche des Saunamuseums in Muurame, der weltgrößten Rauchsauna in Rauhalahti, und einer echten Flößerhütte.

**Info:** Sauna Löyly, Allée der Kosmonauten 23, 10315 Berlin, Tel. 030/54709261
oder azur reisen, Boxhagener Str. 51, 10245 Berlin, Tel. 030/2912553

**Probeferien**

Bauernhöfe an der Nordsee, in der Lüneburger Heide, im Harz und im Weserbergland bieten bis Juni dreitägige Probeferien für 55 □ (Kinder 25 □) inklusive zwei Übernachtungen mit Frühstück, ein Abendessen, Vesperpaket sowie Rad- und Traktorausflüge an.

**Info:** AG Urlaub/Freizeit auf dem Lande, Bürgerhaus Horstweg, 27348 Bothel, Tel. 04266/93060.

**Ferien auf dem Bio-Hof**

Etwa 220 Öko-Bauernhöfe und Weingüter in 12 europäischen Ländern sind im neuen Handbuch „Ferien auf dem Bio-Hof" zusammengefasst. Auf verschiedenen Höfen kann bei der Ernte, beim Backen oder in der Käserei geholfen werden.

**Bezug:** Blatthaus Verlag, Försterstr. 22, 66111 Saarbrücken, Tel. 0681/372 175

15 **b** *Was würde Sie persönlich interessieren? Begründen Sie Ihre Meinung.*

| | Titel | Warum |
|---|---|---|
| **1** | Basare in Dubai | Weil ich schon immer mal in die Wüste wollte. |
| **2** | | |
| **3** | | |
| **4** | | |
| **5** | | |
| **6** | | |
| **7** | | |
| **8** | | |

15 **c** *Wählen Sie eine Anzeige aus und erklären Sie den anderen diesen tollen Tipp: Wo? Kosten? Besonderes?*

**Der Reiseberater von „kommunikativ reisen" weiß:**

Das Reisebüro sollte immer in der Werbung präsent sein – sonst ist es tot.
Für die Werbung sprechen viele Gründe:

1. Der Markt ändert sich ständig. Nur wer ihn immer beobachtet, kann schneller als die Konkurrenz handeln.
2. Die Menschen vergessen schnell. Deshalb muss man immer in aller Munde sein.
3. Die Konkurrenz schläft nicht. Nur wer immer wieder daran erinnert, dass er etwas verkauft, behält den Kunden.
4. Marketing stärkt das Bild einer Firma. Kluge Firmen werben, auch wenn die wirtschaftlichen Bedingungen schlecht sind.

Werbemöglichkeiten:

Kundenkartei | Firmenname | Mundpropaganda | Sponsoring | Briefpapier | perfekter Berater | Geschenkgutscheine | Logo | guter Ruf | zufriedene Kunden | Prospektkästen | Schaufenster | Kreditkarten | Visitenkarten | Kleidung | Farbe

**16** **a** *Ergänzen Sie die Ratschläge für die bestmögliche Werbung.*

**1** ............. mit aktuellen Angeboten in Geschäften oder in den Hotels, die in der Nähe liegen, aufhängen!

**2** Bei Rundschreiben, auf Plakaten und auch in Inseraten können Kosten durch ............. gespart werden.

**3** Eine ............., auch Geschäftskarte genannt, braucht jede Firma.

**4** ............. sind die besten Werber.

**5** ............. muss regelmäßig auf den neuesten Stand gebracht und bei jeder Gelegenheit benutzt werden.

**16** **b** *Geben Sie weitere Ratschläge für Werbemöglichkeiten.*

**16** **c** *„kommunikativ reisen" muss seine Werbemaßnahmen verbessern. Entwickeln Sie zu zweit: Briefpapier (hier mit Kopf), Visitenkarten, Geschenkgutscheine.*

## Projektarbeit

**17** **a** *Arbeiten Sie in Gruppen und entwerfen Sie ein Logo für ein Reisebüro, das Schüler- und Studentenreisen organisiert.*

**17** **b** *Blättern Sie zurück zu „Tipps und Trends". Entwerfen Sie eine ähnliche Reise. Je eine Gruppe kümmert sich um die Zielgruppe, das genaue Programm und die Kostenrechnung, die Werbemaßnahmen, die Unterkunft und Verpflegung. Präsentieren Sie die einzelnen Punkte im Plenum. Benutzen Sie den Overheadprojektor, eine Pinnwand, machen Sie ein Plakat. Formulieren Sie kurze Beschreibungen (siehe Tipps und Trends) für eine Zeitungsannonce, die ansprechen und Interesse wecken. Schreiben Sie Werbespots.*

# C Beratungsgespräche – Verkaufsstrategien

Die Arbeit im Verkauf am sogenannten Beratungspult, in der Fachsprache **Counter** genannt, besteht aus:
- Administration
- Beratung
- Verkauf

Der Weg zum **Verkauf** heißt **Beratung**. Deswegen sollte sich der Reisebüroangestellte dem Kunden gegenüber so verhalten, dass es zum Verkauf kommt. Der erste Eindruck ist entscheidend.

18 **a** *Wie sollte der ideale Reiseberater sein / nicht sein? Warum?*

klar denkend – offen – launisch – nervös – langsam – verlässlich – unfreundlich – freundlich – optimistisch – hilfsbereit – (nicht) überzeugt von dem, was er verkauft – schnell

**Der Reiseberater sollte:**

**Der Reiseberater sollte nicht:**

18 **b** *Was sollte der ideale Reiseberater in seinem Job tun / nicht tun? Warum?*

auf Kundenwünsche eingehen – Kundenwünsche erkennen – Fachausdrücke erklären – Kundenwünsche ignorieren – beraten – nur Schnäppchen anbieten – nur Luxusurlaube anbieten

**Der Reiseberater sollte:**

**Der Reiseberater sollte nicht:**

**Um Kunden zu überzeugen, muss der Reiseberater über**

**Sachinformationen** | **Bedürfnisinformationen**

**warenbezogene** | **kundenbezogene**

**Argumente verfügen.**

**Die 8 Schritte der Beratung:**

**1** freundlich lächeln; Blickkontakt herstellen; wenn möglich aufstehen
**2** Begrüßungs- und Einleitungsfragen stellen
**3** passende Angebote machen
**4** Zusatzleistungen anbieten, z. B. Versicherungen, Autovermietung
**5** auf Sonderwünsche eingehen
**6** auf Sonderangebote hinweisen
**7** die Buchung vornehmen
**8** den Kunden mit Namen verabschieden

**19** *Entwickeln Sie zu zweit zu den oben genannten Schritten passende Beratungsgespräche. Benutzen Sie die folgenden Redemittel:*

## Redemittel

Für die Reise nach .......... empfehle ich Ihnen .......... .
Hätten Sie Lust, an .......... teilzunehmen?
Zu dieser Jahreszeit sollten Sie .......... .
Es empfiehlt sich, .......... zu versichern.
Wegen der starken Nachfrage .......... .
In .......... haben Sie wenig/viel Zeit für .......... .
Für Kurzentschlossene gibt es .......... .

*Big Ben – London*

**! Merke**

Beim Verkauf nicht zu viel reden heißt gut verkaufen.

20 **a** *Als Reiseberater müssen Sie sich geeignete Verkaufstechniken aneignen. So müssen Sie z. B. wissen, wie man richtig Fragen stellt. Stellen sie ganz viele Fragen nach dem Ort, den Personen, dem Zeitpunkt, der Zeitdauer, der Reiseart, den Wünschen vor Ort usw. Arbeiten Sie zu zweit und trainieren Sie die W-Fragen-Technik, denn:*

**Wer fragt, der führt!**

**W-Fragen**

- Warum? Wieso? Weshalb?
- Wofür? Womit? Wozu?
- Wo? Wohin? Woher?
- Wer? Was?
- Wann?
- Was für einer?/ Was für eine?/ Was für ein?
- Welcher/ Welche/ Welches?
- Wie?

20 **b** *Als Reiseberater kennen Sie auch den Unterschied zwischen offenen und geschlossenen Fragen. Konkretisieren Sie Ihre Fragen.*

| Offene Fragen – Offene Antworten | Geschlossene Fragen – Ja-/Nein-Antworten |
|---|---|
| – Was kann ich für Sie tun? | – Kann ich Ihnen helfen? |
| – An was für eine Reise denken Sie denn? | – Wollen Sie in die Türkei fahren? |
| – Was darf die Reise denn ungefähr kosten? | – Soll die Reise billig sein? |
| – Haben Sie an bestimmte Daten gedacht? | – Wollen Sie im Sommer fahren? |

Als guter Reiseberater wissen Sie, dass man nie negativ antwortet, sondern immer eine Lösung sucht. Das Wort Nein kommt nicht vor. Die folgenden Redewendungen helfen Ihnen, eine negative Antwort zu vermeiden:
– Ich muss zuerst anfragen, ob .................. .
– Sie können in .................. umsteigen, der Zug hält am gleichen Bahnsteig.
– Das kostet etwas mehr.
– Ich hätte da noch ein anderes Angebot.
– Für Sonntag sind bereits alle Plätze ausgebucht, aber am Dienstag habe ich noch zwei Plätze frei.
– Statt Nein: „Kein Problem." – „Keine Sorge." – „Das hat bisher immer geklappt." – „Bisher gab es nie Verspätungen."

21 *Sie sind Azubi in einem Reisebüro und sehen, dass ein Kollege die Kunden nicht richtig behandelt. Wie würden Sie reagieren?*

**1** Kollege: Das geht nicht. Sie können doch nicht alle Prospekte mitnehmen.
Und Sie? ........................................................................................................ .

**2** Kollege: Sie haben schon ein Ziel gewählt? Ich habe Ihnen ja noch gar nichts gezeigt.
Und Sie? ........................................................................................................ .

**3** Kollege: Sie haben sich noch nicht entschlossen? Dann kommen Sie doch nächste Woche wieder.
Und Sie? ........................................................................................................ .

**4** Kollege: Oh, das sieht schlecht aus. Das ist längst ausgebucht.
Und Sie? ........................................................................................................ .

**22** *Was tun Sie als guter Reiseberater in folgenden Situationen? Überlegen Sie zu zweit Lösungen für die Fallbeispiele und spielen Sie diese. Helfen und korrigieren Sie sich gegenseitig.*

**Beispiel:**

Der Kunde möchte einen zweiwöchigen Urlaub in den Alpen verbringen, weiß aber noch nicht, wann.
– Ich frage ihn, ob der Termin vom 1. – 14. Februar in Frage kommt oder ob er lieber außerhalb der Schulferien fahren möchte.

**A** Der Kunde will seiner Frau zu Weihnachten eine Reise schenken und fragt nach Prospekten.

**B** Der Kunde kann sich nicht entscheiden, ob er lieber zum Nordpol oder in die Sahara fahren soll.

**C** Der Kunde beschwert sich über das unhöfliche Benehmen des Reiseleiters bei seiner letzten Kreuzfahrt.

**D** Der Kunde will wissen, welche Währung im Zielland gültig ist und ob man Dollar mitnehmen muss.

**E** Der Kunde will im Frühjahr nach Kenia und erkundigt sich nach den vorgeschriebenen Schutzimpfungen. Er bekommt leicht Allergien.

**F** Herr und Frau Fuchs haben zu ihrer Silberhochzeit eine Kreuzfahrt in die Karibik gebucht. Wegen eines Todesfalls müssen sie die Reise stornieren.

**G** Herr Überall war schon überall.

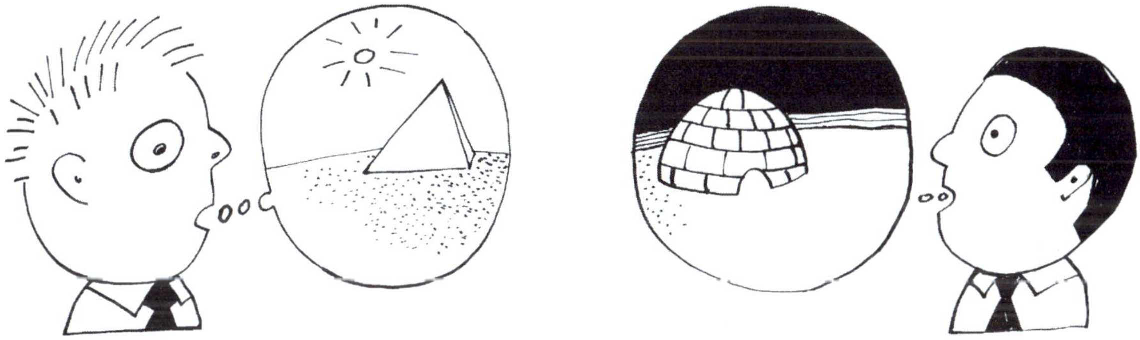

**23** **a** *Lesen Sie die Aussagen, hören Sie dann das Gespräch und kreuzen Sie an, ob die Aussagen stimmen oder nicht.*

| | | JA/ | NEIN |
|---|---|---|---|
| 1 | Sie kann nur am 12. oder 13. fliegen. | ☐ | ☐ |
| 2 | Bei allen Angeboten gibt es auch Einzelzimmer. | ☐ | ☐ |
| 3 | Sie muss bei dem Angebot nach Thailand einen Zuschlag für das Einzelzimmer zahlen. | ☐ | ☐ |
| 4 | Das Angebot ist so günstig, damit die Flugzeuge nicht leer herumfliegen. | ☐ | ☐ |
| 5 | Die Flugzeuge sind deshalb so leer, weil in Europa noch keine Ferienzeit ist. | ☐ | ☐ |
| 6 | Der Pass muss noch 6 Monate gültig sein. | ☐ | ☐ |
| 7 | Bei allen Buchungen muss man eine Buchungsgebühr von 50 Schweizer Franken zahlen. | ☐ | ☐ |
| 8 | Bei Last-Minute-Buchungen muss man bar bezahlen. | ☐ | ☐ |

**23** **b** *Lesen Sie die Stichpunkte durch, hören Sie das Gespräch noch einmal und notieren Sie dann die Informationen zur Thailand-Reise.*

Land: .......................................... Preis: .......................................... Papiere: ....................................

Wetter: ...................................... Hotelkategorie: ...........................

## D Korrespondenz

### Briefe schreiben

kommunikativ reisen
Warschauer Platz 4
12345 Bernbär

Tel.: 0987/65432
Fax: 0987/6424
E-Mail: kommunikativ@reisen.de

Herrn Heinrich Überall
Fernwehstraße 12
53628 Urlaubshausen

20.03.20....

Sehr geehrter Herr Überall,

wir danken Ihnen für Ihren Anruf von heute Morgen und freuen uns, dass Sie mit „kommunikativ reisen" nach Menorca reisen wollen.
Wir haben für Sie, Ihre Frau und Ihre Töchter ein Programm entsprechend Ihren Vorgaben und Wünschen zusammengestellt, das wir Ihnen in der Anlage beifügen. Dürfen wir Sie bitten, uns so schnell wie möglich mitzuteilen, ob Ihnen das Angebot gefällt, damit wir die Flüge und Hotels für Sie reservieren können.

In Erwartung Ihrer Antwort verbleiben wir mit freundlichen Grüßen.

Jeanette Reisefroh
Reisebüroassistentin

Anlage: Angebot: Reise – Menorca für 4 Personen, Juli/August 20....

Bankverbindung: Euro-Bank Kontonummer: 22334455 BLZ: 132 457 00

**24** *Schreiben Sie aus dem obigen Brief die folgenden Bestandteile eines Briefes heraus.*

**1** Briefkopf ..........................................................
**2** Anschrift ..........................................................
**3** Datum ..........................................................
**4** Anrede ..........................................................
**5** Brieftext ..........................................................
**6** Schlussformel/Grußformel ................................
**7** Unterschrift ......................................................
**8** Anlagenvermerk ...............................................
**9** Bankverbindung ...............................................

## Kommunikationsabläufe im Reisebüro

Jede Art von Kommunikation – ob per Brief, Fax, Telegramm, Notiz, Anruf oder E-Mail – ist eine Reaktion auf eine Mitteilung und ruft eine weitere Reaktion hervor. Eine solche Reihe von Reaktionen nennt man eine **Kommunikationskette**. Sie besteht in der Regel aus: Anfrage/Anruf – Offerte/Angebot – Auftrag/Anruf – Empfangsbestätigung – Rechnung – Zahlung. Wichtig sind in allen Kommunikationsarten die Mitteilungsabsichten und Redemittel.

**25** *Schreiben Sie die Redemittel aus dem obigen Angebot und der folgenden Bestätigung heraus und ordnen Sie sie den Mitteilungsabsichten zu.*

kommunikativ reisen
Warschauer Platz
12345 Bernbär

Tel.: 0987/65432
Fax: 0987/6424
E-Mail: kommunikativ@reisen.de

Herrn Dr. Heinrich Überall
Fernwehstraße 12
54321 Urlaubshausen

05.04.20....

Sehr geehrter Herr Überall,

wir danken Ihnen für den Auftrag und freuen uns, Ihnen folgende Reservierung bestätigen zu können.

**Reisende:** Heinrich Überall
Olga Überall, Ehefrau
Julia Überall, Tochter, 13 Jahre
Nanny Überall, Tochter, 9 Jahre

**Badeferien auf Menorca**
2 Wochen vom 23. Juli bis 06. August 20....
Sonderflug mit Oasisi International Airlines Basel/Mulhouse – Mahon – Basel/Mulhouse
Transfer Flughafen Mahon – Hotel – retour
Hotel Club Falco Sol, Calin Bosch
2 Doppelzimmer mit Dusche, WC, Terrasse oder Balkon, inkl. Halbpension
Ihren Wunsch nach ebenerdigen Zimmern haben wir weitergeleitet.

**Pauschalpreis:** Basispreis für 2 Wochen, Halbpension
Sonderflüge ab Basel
Reiserücktrittsversicherung

**3950 €**

Preis- und Programmänderungen bleiben vorbehalten. Für dieses Pauschalarrangement sind die Allgemeinen Hinweise und Bedingungen im Katalog und die Allgemeinen Geschäftsbedingungen der genannten Leistungsträger maßgebend. Für diese Reise benötigen Sie alle einen gültigen Reisepass. Impfungen sind nicht notwendig.
Wir empfehlen Ihnen den Abschluss einer Reiseversicherung für Gepäck, gegen Unfall und Krankheit.
Die Rechnung geht Ihnen mit gleicher Post zu.
Sie können Ihre Unterlagen ab Samstag, 15.04.20.... in unserem Büro abholen.

Wir hoffen, dass die Reise Ihren Wünschen entspricht und zu Ihrer vollen Zufriedenheit verläuft.

Mit freundlichen Grüßen

Jeanette Reisefroh
Reisebüroassistentin

| Mitteilungsabsichten | Redemittel |
|---|---|
| **1** anreden/begrüßen | |
| **2** Freude ausdrücken | |
| **3** danken | |
| **4** Bezug nehmen auf | |
| **5** Bedingungen angeben | |
| **6** hinweisen auf | Für diese Reise brauchen Sie alle einen Reisepass. |
| **7** auf etwas aufmerksam machen | |
| **8** etwas empfehlen | |
| **9** eine Erwartung/Hoffnung ausdrücken | |
| **10** grüßen | |
| **11** um etwas bitten | |

## Störfälle bei der Erfüllung von Kaufverträgen im Reisebüro

**26** *Bitte ordnen Sie den Sätzen (Redemitteln) aus einem Beschwerdebrief die Mitteilungsabsichten zu.*

| Redemittel | Mitteilungsabsichten |
|---|---|
| **1** Wir haben den im Prospekt genannten Swimming-Pool nicht gefunden. | **A** auf etwas aufmerksam machen |
| **2** Außerdem fehlte das vorher bestellte Kinderbett. | **B** seine Wut ausdrücken |
| **3** Das Hotel ist überhaupt nicht kinderfreundlich; die Kinder bekamen weder Milch noch Kakao. | **C** eine Feststellung machen |
| **4** Von 4 Sternen für das Hotel kann keine Rede sein: Die zweite Tasse Kaffee musste man bezahlen, der Toast war kalt. | **D** berichten |
| **5** Es ist eine Frechheit zu behaupten, bis zum Strand brauche man 5 Minuten. 10 Minuten mit dem Auto sind richtig. | **E** genauer beschreiben |
| **6** Ich erwarte als Entschädigung die Rückerstattung der Kosten der zweiten Woche. | **F** seinen Ärger ausdrücken |
| **7** Im Übrigen habe ich zum letzten Mal über Ihr Reisebüro eine Reise gebucht. | **G** Forderungen stellen |

| 1 | 2 | 3 | 4 | 5 | 6 | 7 |
|---|---|---|---|---|---|---|
| D | | | | | | |

**27** *Schreiben Sie nun eine Antwort auf den Beschwerdebrief von Frau … und machen Sie ein Erstattungsangebot. Benutzen Sie dabei die Mitteilungsabsichten in der angegebenen Reihenfolge.*

**1** anreden/begrüßen
**2** auf den Brief Bezug nehmen
**3** die Beschwerde akzeptieren
**4** sich für das Verhalten des Personals und den schlechten Service entschuldigen
**5** erklären, dass dieses Hotel ein Ersatzhotel war
**6** die Rückerstattung der Kosten der zweiten Woche ankündigen
**7** ein Zusatzangebot machen, z. B. eine Woche gratis für 1 Kind nächstes Jahr
**8** die Hoffnung ausdrücken, den Kunden nicht zu verlieren
**9** grüßen

**Hier nun die wichtigsten Mitteilungsabsichten für Angebot, Bestätigung, Beschwerde und die Redemittel dazu:**

| | |
|---|---|
| **etwas anbieten** | Wir können Ihnen folgendes Angebot machen/unterbreiten: ……….<br>Wir können Ihnen anbieten, ………. . |
| **Bezug nehmen auf** | Wir danken Ihnen für Ihre Anfrage/Ihren Anruf und … .<br>Wir beziehen uns auf Ihr/Ihre ………. .<br>Wir haben Ihr Schreiben/Ihre Anfrage vom ………. erhalten und ………. . |
| **einen Bedarf ausdrücken** | Wir benötigen ………. .<br>Wir brauchen ………. .<br>Wir möchten eine Reise nach ………. machen und wollen/suchen ………. . |
| **bitten um** | Wir bitten Sie, uns mitzuteilen, ob/wann/wie ………. |
| **beschreiben** | Das Hotel liegt fünf Minuten vom Strand.<br>Sie fliegen am ………. um ………. mit Lufthansa von Düsseldorf und landen in ………. am ………. um ………. .<br>Im Badezimmer fehlte eine Birne; außerdem gab es nie frische Handtücher.<br>Das im Prospekt genannte Planschbecken gab es nicht. |
| **bestätigen** | Hiermit bestätigen wir den Termin Ihrer Reise am ………. nach ………. .<br>Wir haben für Sie in Tanger im Hotel Mercure ein Doppelzimmer für drei Nächte gebucht. |
| **Bedingungen stellen** | Die ………. können wir erst buchen, wenn wir ………. .<br>Unsere Zahlungsbedingungen lauten ………. . |
| **Bedauern ausdrücken** | Wir müssen Ihnen leider mitteilen, dass ………. .<br>Wir mussten leider feststellen, dass ………. . |

| | |
|---|---|
| **jemanden auffordern** | Bitte rufen Sie uns an, wenn Sie .......... .<br>Lassen Sie uns so bald wie möglich wissen, ob/wann/wie .......... . |
| **empfehlen** | Wir empfehlen Ihnen den Abschluss einer Gepäckversicherung.<br>Es wäre gut, wenn Sie .......... . |
| **Unzufriedenheit/ Enttäuschung ausdrücken** | Immer wieder mussten wir darum bitten, dass die .......... .<br>Die Reise nach .......... hat uns gar nicht gefallen, weil/denn .......... . |
| **Vorschläge machen** | Wir können Ihnen folgendes Angebot machen:<br>Für Singles haben wir dieses Jahr etwas ganz Besonderes.<br>Was halten Sie von einer Kreuzfahrt im Mittelmeer? |
| **Modalitäten angeben** | Unser Angebot gilt bis .......... .<br>Unser Angebot geht Ihnen morgen zu.<br>Im Preis sind die Ausflüge an Land (nicht) inbegriffen/enthalten. |
| **um eine Nachricht bitten** | Bitte lassen Sie uns so bald wie möglich wissen, ob/wann/wie .......... .<br>Bitte teilen Sie uns mit, wann .......... . |
| **Hoffnung ausdrücken** | Wir hoffen, dass wir mit diesem Angebot Ihren Wünschen/Erwartungen/Vorstellungen entsprechen.<br>In der Hoffnung, dass unsere Vorschläge Ihnen gefallen/zusagen, .......... . |

**28** *Schreiben Sie nun zu dem Angebot unten die gesamte Briefkette: die Anfrage – das Angebot – die Bestätigung – – eine Beschwerde – die Antwort auf die Beschwerde.*

*Venedig*

**kommunikativ reisen bietet an:**
Städtefahrt nach Italien – eine Woche – in modernen Reisebussen mit Klimaanlage, Getränkeservice, Liegesitzen, Diskussionsecken, Musikecke, WC – je zwei Tage in Verona, Venedig, Florenz – gemütliche Familienpensionen im Zentrum – erstklassige Reiseleiter und Kunsthistoriker – Abendprogramm: Oper oder Open-Air-Festival – **8 Tage Halbpension** mit Frühstücksbüffet – ab 320 €

## E Mit Sprache spielen

**29** **a** *Im folgenden Gedicht haben sich zwei Wörter eingeschlichen, die nichts mit einer Reise zu tun haben. Welche?*

### Reisewörter

Weltreise
Reiselust
Dienstreise
Reisewecker
Eisenbahnreise
Reiseprogramm
Gesellschaftsreise
Reisebekanntschaft
Geschäftsreise
Reisevertreter
Ferienreise
Reisegepäck
Luftreise
Reisegeld
Sommerreise
Reiseleiter
Auslandsreise
Reiseandenken
Vergnügungsreise
Reisegesellschaft
Studienreise
Reisebericht

Traumreise
Reisefieber
Autoreise
Reiseweg
Winterreise
Reisedecke
Seniorenreise
Reisebegleiter
Erkundungsreise
Reiseverpflegung
Urlaubsreise
Reisefieber
Teepreise
Reiseverkehr
Tagesreise
Reisekoffer
Badereise
Reisezeit
Durchreise
Reiseführer
Hochzeitsreise
Reisegefährte

Entdeckungsreise
Reisebeschreibung
Abenteuerreise
Reisetagebuch
Besuchsreise
Reisewetter
Lustreise
Reisespaß
Schiffsreise
Reisebüro
Vortragsreise
Reisetasche
Forschungsreise
Reiseabenteuer
Erholungsreise
Reiselektüre
Teepreise
Rehousernte
Rundreise
Reiseziel

*Gesammelt von Tilde Michels*

**29** **b** *Machen Sie eine Wortschatzkiste. Welche Kategorien finden Sie?*

**29** **c** *Sicher verstehen Sie nicht alle Wörter, Ihr Partner auch nicht. Helfen Sie sich gegenseitig, indem Sie die Ihnen unbekannten Wörter nachsehen und diese dann bildlich darstellen.*

## F Koffer

**Mindmaps machen heißt:**
- sowohl die rechte als auch die linke Gehirnhälfte trainieren
- sich Bilder von Wörtern machen
- das Gedächtnis fördern
- die Konzentration erhöhen
- sich einen Überblick verschaffen
- Zeit sparen
- versteckte Ideen herausholen
- Lösungen für Probleme entwickeln
- flexibel werden

LernTipp

**Jedes Thema hat einen Stamm, Hauptäste und Nebenzweige.**

## Merke:

**1** immer nur 1 Substantiv
**2** Blockbuchstaben
**3** verschiedene Farben oder Schriften für das Thema, die Äste und Zweige

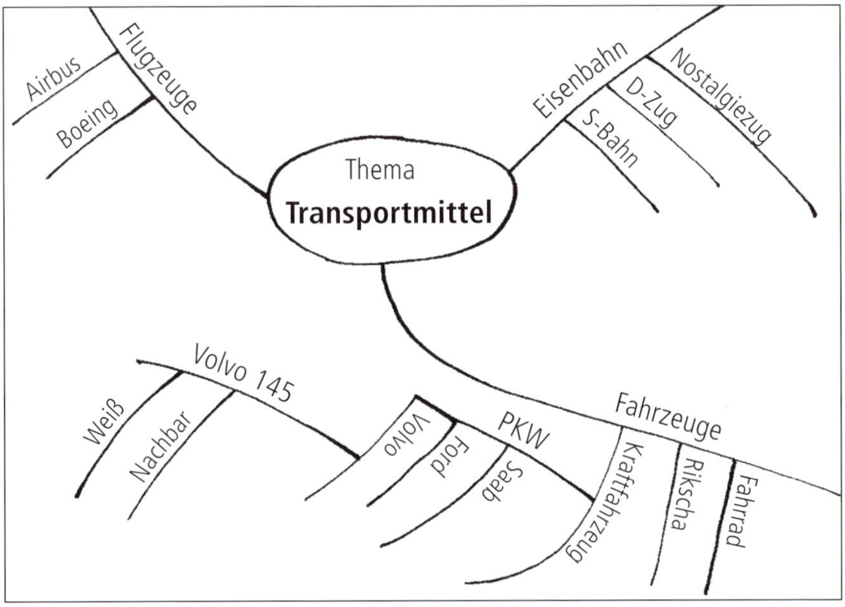


**30** *Erstellen Sie nach obigem Muster ein Mind-Map zum Thema Reisebüroarten. Die Äste tragen die beiden Arten von Reisebüros, die Zweige die Dienstleistungen.*

**REISEBÜROARTEN**

| **Tour Operator = Reiseveranstalter kaufen** | **Retailer = Reisevermittler vermitteln** |
|---|---|
| Sitzplätze | Pauschalreisen |
| ........................................ | ........................................ |

# Touristikmessen und -börsen

## A Messeplätze in Europa

**1** **a** *Bilden Sie aus den Wortkarten eine Definition:*

auch Jahrmarkt. | : | Messe | großen, | Ausstellung von Waren | Industrieschau, | oft | internationalen Ausmaßes,

**aus|stel|len** (sw. V.; hat): **1.** *zur Ansicht, zum Verkauf ins Schaufenster o. Ä. stellen:* Waren, neue Modelle (im Schaufenster) a.; bekannte Künstler stellen aus *(zeigen ihre Bilder in einer Galerie o. Ä.).* **2.** *aus bestimmten Gründen an einem Platz sichtbar aufstellen:* Warnschilder, Posten a.;

[2]**Mes|se**, die: -, -n; kirchenlat. missa = Heiligenfest (mit feierlicher [1]Messe u. großem Jahrmarkt); zu ↑[1]Messe: **1.** *große (internationale) Ausstellung von Warenmustern eines od. mehrerer Wirtschaftszweige:* eine internationale M.; eine M. für Lederwaren. **2.** (landsch.) *Jahrmarkt;*

**b** *Womit wird auf einer Touristikmesse gehandelt? Was vermuten Sie?*

**c** *Finden Sie andere Substantive, die Sie mit dem Wort „Messe" verbinden.*

halle ← Messe

Verbraucher- → -messe

Fach- → -messe

2 *Unten sehen Sie einen europäischen Messekalender. Tragen Sie bitte die Namen der Städte, in denen Messen stattfinden, in die Europakarte ein. Wenn Sie weitere Messen oder Ausstellungen und ihre Standorte kennen, ergänzen Sie die Karte.*

3 *Arbeiten Sie zu zweit und klicken Sie jeweils eine Messe in Deutschland und eine in Ihrem Land an. Informieren Sie dann die anderen über alles, was Sie erfahren haben:*

*Daten,*
*Anmeldezeiten,*
*Schwerpunkte,*
*Produkte.*

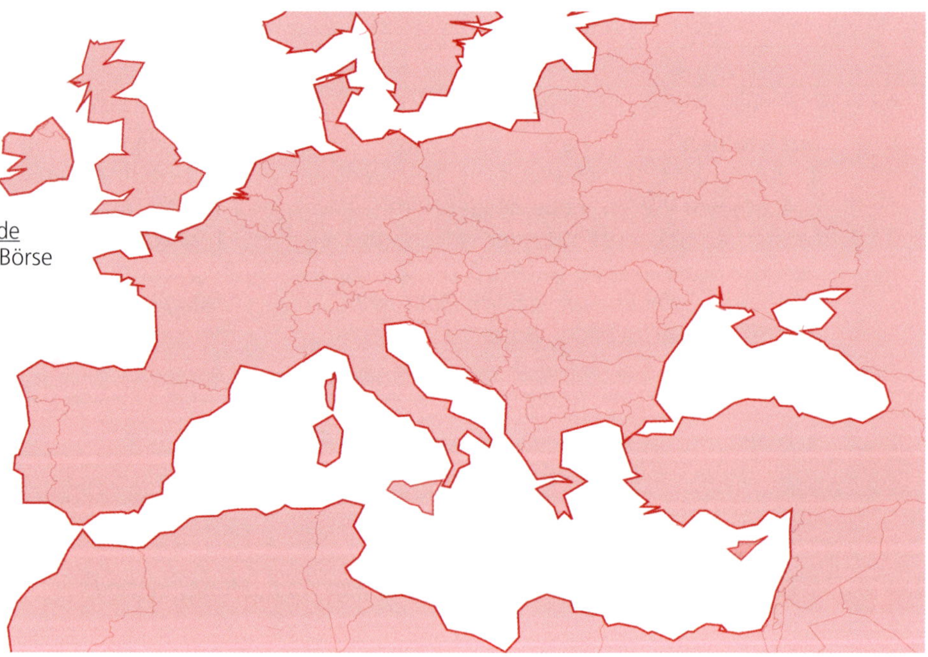

**Berlin** *(März)*: www.itb-berlin.de
ITB – Internationale Tourismus-Börse

**Stuttgart** *(Januar)*:
www.messe-stuttgart.de
CMT – Internationale Ausstellung für Caravan – – Motor – Touristik

**München** *(Februar)*:
www.cbr-muenchen.de
CBR – Ausstellung Caravan – – Boot – Internationaler Reisemarkt

**Köln** *(November)*: www.koelnmesse.de
Reisemarkt Köln International

**Brünn** *(Januar)*: www.bvv.cz/regiontour
Regiontour, Regionale Touristikmesse

**Brünn** *(Januar)*: www.bvv.cz/go
Go, Internationale Touristikmesse

**Düsseldorf** *(November)*:
www.urlaubswelten.de
Urlaubswelten Düsseldorf

**Prag** *(November)*: www.madi.cz
Madi Travel Market, Internationale Verkaufsmesse für Fremdenverkehr und Hotelwesen

**Leipzig** *(November)*:
www.leipziger-messe.de
Touristik Caravaning Leipzig

**4** *Welche Produkte aus dem Kasten werden auf den Touristikmessen verkauft? Ordnen Sie zu und begründen Sie Ihre Wahl.*

Sprachaufenthalte – Wanderreisen – Behindertenreisen – Heuhotel – Gruppenreisen – Studienreisen – Jugendlager – Hobbyräume – Wanderrouten – Skiurlaube – Sommerferienplätze – Sprachlabors – Konferenzen – Schlafanzüge – Ferienaufenthalte – Reiseschecks – Spielplätze – Winterferienplätze – Schlafplätze – Wanderstöcke – Hobbyreisen – Trainingsaufenthalte

| **eignet sich als Produkt für Touristikmessen** | **eignet sich nicht** |
|---|---|
| | |

**5** **a** *Lesen Sie den Text und unterstreichen Sie alle Internationalismen, Eigennamen, Ortsnamen und Zahlen. Sie wissen ja:*

**LernTipp**

**Internationalismen, Eigennamen, Ortsnamen, Zahlen erkennen, heißt den Text schnell verstehen.**

### Große Urlaubsmessen in Deutschland

Die Stuttgarter **CMT** (Caravan, Motor, Touristik) ist, zumindest was die Besucherzahlen angeht, Deutschlands größte Urlaubsmesse, bei der die Besucherzahl ungefähr bei 230 000 liegt. Mit der Urlaubspräsentation in der Schwabenmetropole wird alljährlich der Reigen der großen deutschen Touristikmessen eröffnet. Es folgen Mitte Februar „Reisen" in Hamburg mit ca. 140 000 Interessenten, Ende Februar die **CBR** in München mit rund 125 000 Besuchern und schließlich der Höhepunkt, die größte Aussteller- und Fachmesse **ITB** im März in Berlin.
So gesehen verstehen sich die **CMT**-Macher also auch als Trendbarometer für die touristische Messewirtschaft und die Urlaubsbranche.
Ein neuer Trend sind die vielen Themenangebote und Sonderpräsentationen. So hatte die **CMT** zwei Begleitmessen: „Golfreisen" und „Fahrrad & Reisen". Die CBR setzt mehr auf den Erlebnis- und Event-Charakter, und bei „Reisen" in Hamburg wird der Erlebnis- und Kultur-Tourismus gepflegt. Endlich präsentiert sich auch der **ACCESS TOURISM**, denn auf der **ITB** wird MOVADO seine Broschüre „Rolli on Tour" vorstellen, mit Routen durch Berlin für Menschen im Rollstuhl und mit einer Hotelliste „Hotels ohne Barrieren".

**5** **b** *Lesen Sie den Text noch einmal. Stehen folgende Aussagen im Text – Ja oder Nein? Kreuzen Sie an.*

| | | JA | NEIN |
|---|---|---|---|
| **1** | Die **CMT** ist deshalb die größte Urlaubsmesse, weil sie besonders die jüngeren und besser verdienenden Kunden anspricht. | ☐ | ☐ |
| **2** | Die **CMT** in Stuttgart ist jedes Jahr die erste Touristikmesse. | ☐ | ☐ |
| **3** | Die großen Touristikmessen finden alle Anfang des Jahres statt, weil sie dann noch Kunden für die Sommersaison gewinnen können. | ☐ | ☐ |
| **4** | Zum Erlebnischarakter der **CBR** gehört auch der Yacht-Tourismus. | ☐ | ☐ |
| **5** | Im Kultur-Tourismus zeigt sich besonders der Hang der Deutschen zu Zielen im Mittelmeerraum. | ☐ | ☐ |
| **6** | Die größte Aussteller- und Fachmesse ist weiterhin die **ITB**. | ☐ | ☐ |
| **7** | **ACCESS TOURISM** und **MOVADO** in Berlin engagieren sich für einen behindertengerechten Tourismus. | ☐ | ☐ |

**6** *In der Tourismusbranche gibt es seit einiger Zeit einen neuen Begriff: „Sanfter Tourismus". Lesen Sie die kurzen Texte und finden Sie heraus, was darunter zu verstehen ist. Gehen Sie auch ins Internet, um andere Beispiele zu finden. Was bedeuten die Begriffe: ökologisch tragfähig – langfristig wirtschaftlich – Umweltstandards – umweltfreundliche Ferien? Informieren Sie sich gegenseitig. Fangen Sie so an:*

Alternativer Tourismus muss umweltfreundlich sein und bestimmte Standards erfüllen.

**1. „Lust auf Natur"**
Unter diesem Motto präsentiert sich das Reiseland Deutschland zum „Internationalen Jahr des Ökotourismus". Die Deutsche Zentrale für Tourismus wird zur Internationalen Tourismus-Börse im März einen speziellen Katalog für umweltfreundliche Ferien herausbringen. Ökologischer Tourismus wird in Deutschland nicht nur, aber besonders in den 13 Nationalparks groß geschrieben.

**2. Das Viabono-Gütesiegel für Tourismus**
Mitte Oktober 2001 hat Umweltminister Trittin „Viabono" vorgestellt, die neue Dachmarke eines umweltfreundlichen Tourismus in Deutschland. Um das Viabono-Gütesiegel können sich alle Anbieter im Fremdenverkehr bewerben, vom Campingplatz bis zum Naturreservat.
Nur wer eine Reihe anspruchsvoller Umweltstandards erfüllt, erhält die Viabono-Lizenz.

**3. Sanfte Alternativen**
„Nachhaltiger Tourismus", sagt die Definition, ist „sozial gerecht, kulturell angepasst, ökologisch tragfähig und auch langfristig wirtschaftlich." In diesem Sinne arbeiten z. B. in Deutschland die Naturparks Frankenwald und Steinhuder Meer. So erfolgreich, dass sie zu den ersten Naturparks in Europa gehören, die 2001 mit der „Europäischen Charta für nachhaltigen Tourismus in Schutzgebieten" ausgezeichnet wurden. In beiden Parks arbeiten Tourismus, Landwirtschaft und Verkehrsplaner gemeinsam an einem nachhaltigen Tourismusleitbild. Dazu gehören z. B. Freizeitbuslinien oder Restaurants, die ausschließlich Produkte aus der Region anbieten.

**7 a** *Was müssen die Mitarbeiter eines Reisebüros vor, während und nach einer Touristikmesse erledigen? Überlegen Sie mit Ihrem Partner und tragen Sie die Aufgaben in die Tabelle ein. Ergänzen Sie auch die Verben. Einige passen mehrmals.*

Messeeinladungen – Standmitarbeiter – Briefe an Messebesucher – Kosten – Stand – Kaffee – Getränke – Spezialitäten – Prospekte – Werbematerial – Kunden – Konkurrenz – eine Reise – Besucherfrequenz – Werbegeschenke – Messemappen – Preislisten – Informationen – Kontakte – Reiseprogramme – Messeteilnahme – einen Film über ein Reiseland – schreiben – drucken lassen – verschicken – schulen – verteilen – planen – bezahlen – reservieren – beraten – informieren – beobachten – besprechen – auswerten – präsentieren – erklären – vorführen – vorbereiten – anfertigen – auf-/abbauen – anbieten – probieren lassen – knüpfen – auslegen

| vor der Messe | während der Messe | nach der Messe |
|---|---|---|
| | | |

**7 b** *Erklären Sie dem Azubi, der zum ersten Mal mitfährt, welche Tätigkeiten er zu erledigen hat. Nutzen Sie folgende Redemittel:*

Der Standmitarbeiter hat ......................................... zu ......................................... .

Er muss ......................................... .

.............................. soll

Er hat die Aufgabe, ......................................... zu ......................................... .

Er ......................................... .

......................................... ist/sind von dem Personal ......................................... zu ......................................... .

**7 c** *Berichten Sie dann darüber, was in welcher Phase gemacht werden muss. Benutzen Sie dazu die Passivformen mit Modalverben oder Sätze mit Modalverben.*

**Beispiel 1:** Zuerst müssen die Messeeinladungen an die Kunden geschrieben werden.
**Beispiel 2:** Ein Standmitarbeiter kann/soll/muss ...................................................... .

**d** *Machen Sie eine Wortschatzkiste mit folgenden Kategorien:*

| Dokumente / schriftliche Unterlagen | Tätigkeiten bei Messen | Ausstattung |
|---|---|---|
| | | |

**Einladung zur Messe**

## Hamburg Messe

***Einladung*** Hamburg Messe
An unsere Kunden und an alle, die es werden wollen!

***Treffpunkt:*** Besuchen Sie uns in Halle 28, OG Stand 108. Seit 1957 sind wir in Deutschland als Ihr Partner für Urlaub und Reisen da.

**Reise mit Auto, Bahn, Bus, Flugzeug und Schiff**
**Individual- oder Pauschalreisen**
**Aktiv- oder Abenteuerurlaub**
**Kuren und Heilbäder**
**Ferienwohnungen etc.**

Wir sind jederzeit offen für neue Kontakte und Vorschläge der Zusammenarbeit und würden uns freuen, wenn wir auch Sie im Kreis unserer treuen Partner begrüßen dürfen. Wir freuen uns auf ein persönliches Gespräch an unserem Stand.

SCHIMMEL REISEN GmbH
Bavariaring 2
D-80336 München

TEL.: 089/5145590
FAX: 089/5328210

**8** *Schreiben Sie nun eine Einladung für „kommunikativ reisen" zur Internationalen Touristikmesse in Berlin (ITB).*

## Einladung

„kommunikativ reisen" lädt Sie zur ITB ein!

An unsere .........

Wir haben für Sie: .........

Treffpunkt: .........

Besuchen Sie uns in der Halle .........

Wir würden uns freuen, wenn .........

**9** *Ihr Reisebüro fährt zum ersten Mal zur Messe nach Deutschland. Sie wollen in der Zeitung Ihrer Stadt Ihre Einladung als Inserat aufgeben. Fassen Sie sich kurz, denn jede Zeile kostet viel.*

### Messeanzeigen
### Auszug aus einem Messe-Katalog

**„Schwerin – Perle des Nordens"**
**Schwerin-Landeshauptstadt**
Am Markt 10, D-19055 Schwerin
Tel.: 0385/59 25 20, Telefax: 0385/55 50 94

**Familien-Ferien**
**Region Südostjütland**
Boerggade 4c, DK-6200 Aabenraa
Tel.: +45/73 62 10 23, Telefax: +45/73 62 10 11
Familien-Ferien, Angelurlaub

**Familienurlaub**
**Ostseebad Damp**
Seeuferweg, D-24351 Damp
Tel.: 04352/80666, Telefax: 04352/808921
Urlaub für die „Junge Familie" zu Sonderpreisen

**Radler-Info-Börse: Sonderschau**
**Radler-Info-Börse e. V.**
Postfach 33 05, D-22826 Norderstedt
Tel.: 040/52 87 62 17, Telefax: 040/52 87 62 18
Zum 10. Mal: Information über fahrradfreundliche Feriengebiete, Urlaubsregionen, sowie Fahrradkauf und Fahrradzubehör.

**Scandorama Foundation Sprachreisen**
**Scandorama Foundation**
Jakobsweg 9, D-21109 Hamburg
Tel.: 040/745 13 20, Telefax: 040/7 54 16 28
Sprachreisespezialist für England, Schottland und Irland.
Jugendliche und Erwachsene

**Behindertenreisen-Beratung**
**Bundesarbeitsgemeinschaft der Clubs Behinderter und ihrer Freunde e. V.**
Eupener Straße 5, D-55131 Mainz
Tel.: 06131/7 36 05 70, Telefax:06131/22 57 14
Beratung für behinderte Reisende, deren Angehörige, sowie für Anbieter

**Vöglers Angelreisen**
**Angelreisen Vögler**
Billstedter Hauptstraße 69, D-22111 Hamburg
Tel.: 040/7360570, Telefax: 040/7329737
Angelreisen und -ausrüstung aus einer Hand.

**10** *Die wichtigsten Informationen über die jeweilige Messe finden sowohl die Besucher als auch die Aussteller natürlich im Messe-Katalog. Lesen Sie die Messeanzeigen aus Aufgabe 9. Welche Anzeigen wären für Sie interessant, wenn*

**1** Sie im Urlaub ins Ausland verreisen wollen
**2** Sie Ihrem Mann zum Geburtstag einen Angelurlaub schenken wollen
**3** Sie mit Ihren beiden kleinen Kindern verreisen wollen und gerne schwimmen
**4** Sie das Angebot Ihres Büros um Ferien für Behinderte erweitern möchten
**5** Sie andere Kontinente kennen lernen möchten, trampen aber nicht in Frage kommt
**6** Sie Englisch lernen wollen
**7** Sie sparsam leben wollen
**8** Sie mit einer Gruppe eine einfache naturnahe Unterkunft suchen

Begründen Sie Ihre Auswahl.

**11** *Sind Sie schon getrampt?*
*Was war Ihr letztes Einkaufsschnäppchen?*
*Wohin ging die letzte Gruppenreise?*
*Berichten Sie ausführlich und benutzen Sie das Perfekt.*
*Machen Sie Ihren Bericht spannend für die anderen.*
*Im Team sind Sie besser. Visualisieren Sie Ihren Bericht.*

**12** *Sehen Sie sich den Hallen- und Geländeplan aufmerksam an. Fragen Sie Ihren Partner in der Gruppe, wie Sie dahin kommen.*

**1** Wie kommt man zum Messegelände?
**2** Wie wird Behinderten geholfen?
**3** Wo sind die Taxistände?

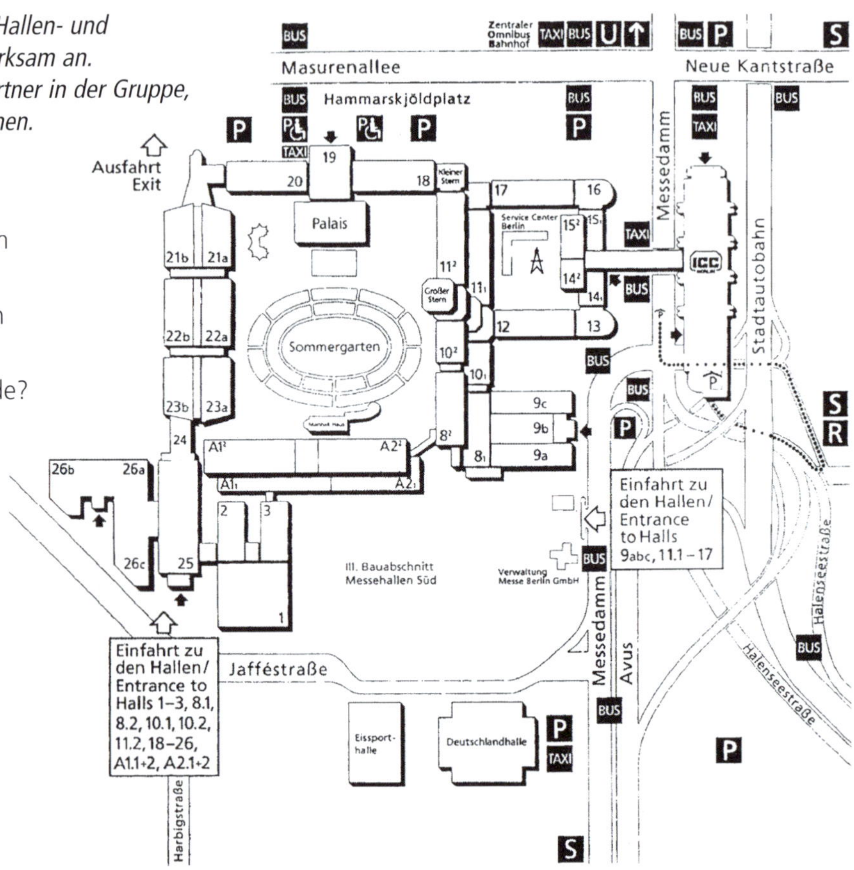

## Auszüge aus einer Informationsbroschüre

13 **a** *Bei großen Touristikmessen präsentieren sich die Länder und Regionen mit verschiedenen Werbematerialien, z. B. Informations-, Erlebnis- oder Imagebroschüren. Am Beispiel des* ***Harzer Verkehrsverbandes*** *können Sie lernen, welche Themen und Einzelwerbungen eine solche Broschüre enthalten muss. Zu welchem Titel können Sie die Texte in der rechten Spalte zuordnen?*

Harzer Verkehrs Verband

*Die Wartburg in Eisenach*

| | |
|---|---|
| **1** Die HVV- Erlebnisbroschüre | **a** Sympathische Werbegeschenke können Sie als Mitglied zu günstigen Konditionen für sich nutzen. |
| **2** Die HVV Messeauftritte | **b** Der HVV bietet seinen Mitgliedern die kostenfreie Teilnahme am monatlichen Pressedienst. |
| **3** Die HVV-Harz-Börse | **c** Jährlich erreichen uns ca. 25 000 direkte Anfragen von potentiellen Harzurlaubern, die von einem eigenen Versandservice bedient werden. |
| **4** Die HVV-Journalistenreisen | **d** Der HVV lädt regelmäßig Journalisten zu themenbezogenen Journalistenreisen in den Harz ein. |
| **5** Die HVV-Kataloge | **e** Mit einem neuen, attraktiven Gemeinschaftsstand präsentiert sich der Harz national und international auf den wichtigsten Touristenmessen. |
| **6** Die HVV-Kollektivanzeigen | **f** Jährlich bringen wir Sie im Sommer auf dieser Kontaktbörse mit interessanten Partnern zusammen: mit Busunternehmern, Reiseveranstaltern und Fachreisebüros. |
| **7** Das HVV-Reservierungssystem | **g** Der HVV inseriert für den Harz in den unterschiedlichsten Printmedien. |
| **8** Die HVV-Publikationen | **h** Die verschiedenen Kataloge des HVV bieten ein direktes Verkaufsinstrument, in dem sich unsere Mitglieder dem Gast präsentieren können. |
| **9** Die HVV-Plakate | **i** Eine Vielzahl spezieller Publikationen wie der Walpurgiskalender machen Lust auf den Harz. |
| **10** Der HVV-Direktversand | **j** Eine spezielle Plakatserie stellt die Attraktionen unserer Urlaubsregion groß heraus. |
| **11** Der HVV-Pressedienst | **k** Fortschrittlichen Vermietern bieten wir die Möglichkeit, sich direkt in unser Reservierungssystem einzuklinken. |

| | |
|---|---|
| **12** Die HVV-Give-always | **l** Die „Grüne Mappe" bietet alle Marketingmaßnahmen des HVV für seine Mitglieder: Gastkarte, Winter-Wetterdienst, usw. |
| **13** Der Harz im Internet | **m** Unsere Imagebroschüre macht den Harz für den Gast spannend. Die Harzattraktionen erscheinen in Form von Logos. |
| **14** Weitere Angebote | **n** www.harzinfo.de gibt jedem Interessenten die Informationen zur Planung seines Harzurlaubs. |

| 1 | 2 | 3 | 4 | 5 | 6 | 7 | 8 | 9 | 10 | 11 | 12 | 13 | 14 |
|---|---|---|---|---|---|---|---|---|---|---|---|---|---|
| m | | | d | | | | | | | | | | |

**13** **b** *Sie sind sicher neugierig geworden! Haben Sie im Atlas nachgesehen, wo der Harz liegt? Gehen Sie jetzt noch einmal ins Internet und klicken Sie www.harzinfo.de an. Bereiten Sie zu zweit einen kleinen Vortrag über diese Urlaubsregion vor. Welche Tourismusangebote könnte man machen oder stärker entwickeln (Stichworte: Winter-, Abenteuer-, Seniorenurlaub, Kreativsport, Familienferien, Ferien auf dem Land)?*

**13** **c** *Projektarbeit: Entscheiden Sie sich für eine Region Ihres Landes und entwickeln Sie eine ähnliche Information wie die HVV-Erlebnisbroschüre aus Aufgabe 13a. Denken Sie auch an Bilder, Logos, Anstecker und Plakate.*

**14** *Den folgenden Text können Sie sicher mit Hilfe Ihres Vorwissens ergänzen.*

Informationen – Interesse – Länder – Beratungsgespräche – Investitionen – Prospekte (2x)

Die drei großen Verbrauchermessen **ITB, CMT, CBR** locken inzwischen immer mehr Fachbesucher an, die nicht nur ................................ einsammeln, sondern genaue ................................ erwarten und ................................ gespräche führen wollen. Das heißt, dass die Aussteller darauf achten müssen, dass ihre Berater am Stand nicht nur ................................ anbieten, sondern auch erfahren im Urlaubsverkauf sind.

Fast überall hat sich das Partnerprinzip durchgesetzt: 2001 z. B. hatte die CMT gleich drei Partner: Italien, Neuseeland und die Mongolei. Eine solche Kooperation löst bei den Besuchern mehr ........................... für die .......................... aus. Deshalb lohnen sich die .............................. .

*Neuseeland*

**15** *Spielen Sie die Rolle von Herrn Wandermann, dem Reiseberater am „kommunikativ reisen"-Stand, der für Ihr Land werben will. Überlegen Sie dann gemeinsam mit der Gruppe, ob Herr Wandermann ein guter Berater ist. Wenn Ihre Schule eine Videokamera hat, können Sie die Präsentation aufnehmen.*

## B Auszug aus einer Messemappe

**16** *Was gehört in die Messemappe eines Reisebüros?*

Reisekatalog – Reiselektüre – Preislisten – Muster – Fachzeitschrift – Prospekte – Mitarbeiterliste – Werbekugelschreiber mit Firmenlogo – Werbetasche – Reiseführer – Kalender – Notizbuch – Telefonbuch – Aufkleber – Visitenkarte – Rucksack – Autokarte

**17** *Das Reisebüro „kommunikativ reisen" erweitert sein Angebot um Radtouren in Ihrer Region. Schreiben Sie einen Prospekt. Benutzen Sie die Vokabeln aus den Beispielen. Vergessen Sie nicht, Ihren Prospekt zu illustrieren (siehe Koffer in dieser Lektion).*

**Beispiel**

**Wochenend-Angebot:**
2 Etappen (30–35 km)
Übernachtung in Trier und Welschbillig
Leistungen:
- 2 Ü/F im DZ mit DU/WC
- Gepäcktransfer
- Reiseführer „3-Flüsse-Tour"
- 95 €/Pers.
- Kinder 50 € (bis 12 Jahre im Zimmer der Eltern)

**Das 4-Tage-Angebot**
3 Etappen (20–25 km)
Übernachtung in Trier, Kordel, Ralingen
Leistungen:
- 4 x Übernachtung/Frühstück
- Gepäcktransfer
- Ticket zur Stadtführung
- Reiseführer: „3-Flüsse-Tour"
- 158 €/Pers.
- Kinder 105 € (bis 12 Jahre im Zimmer der Eltern)

**18** *Können Sie folgende Angebote erklären?*

Wochenendangebot
Ausflugsfahrt
Schmetterlingspark
Sektkellerei
Kulinarischer Insider-Tipp
Gepäcktransfer
Stadtführung

**Beispiel:** Wochenendangebot heißt, dass eine Reise von Freitag bis Sonntag angeboten wird.

## C Gespräche auf der Messe

**19** *Ergänzen Sie folgende Gespräche. Lesen Sie die Lückentexte vorher, denn Sie wissen:*

**LernTipp**

**Ein guter Hörer ist ein aktiver Hörer. Er bereitet sich vor.**

**Vor dem Eingang**

**A** Ich möchte ............................ .

**B** 5 € bitte. Möchten Sie auch unseren ............................?

**A** Ja, gern. Was kostet der?

**B** 12 €. Und ............................ bekommen Sie gratis.

**A** Vielen Dank.

**Messeinformationsamt**

**A** Entschuldigen Sie, wo finde ich ............................ ?

**B** Aus welchem Land kommt das Reisebüro?

**A** Ich glaube, das ist eine Firma aus ............................ .

**A** Also, die sind in der Halle ............................ . Eingang ............................, Stand ............................ .

**B** Vielen Dank.

**20** *Entwickeln Sie nun zu zweit je zwei Mini-Dialoge. Suchen Sie die Informationen im Messeplan und in den Anzeigen.*

**21** *Hören Sie das Gespräch und beantworten Sie die folgenden Fragen:*

1. Von welchem Reisebüro kommt der Besucher?
2. Wofür interessiert er sich besonders?
3. Was ist die neueste Idee des Reisebüros?
4. Was bekommt der Besucher von dem Standmitarbeiter?

**22** *Sie gehen zu einem Messestand und wollen sich informieren. Wonach können Sie fragen?*

**Beispiel:** Ich bin Student und möchte Französisch lernen. Welche Reise können Sie mir empfehlen? Ich habe im Juli und August Ferien.

23 *Machen Sie nun eine Wortschatzkiste und ordnen Sie den Messewortschatz nach Kategorien.*

24 **a** *Agrartourismus wird jedes Jahr wichtiger. Vielleicht haben Sie auch schon mal die Ferien auf dem Lande verbracht. Wenn ja, erzählen Sie, was Sie dort gemacht haben. Wenn nicht, sagen Sie, was Sie von einem solchen Urlaub erwarten würden.*

24 **b** *Hören Sie den Dialog und kreuzen Sie die Attraktionen an, die darin erwähnt werden.*

- schwimmen
- reiten
- Pferdewagen fahren
- wandern
- fotografieren
- in der Sonne liegen
- Wiesenblumen pflücken
- Boot fahren
- Obst vom Baum essen
- Haustiere streicheln
- surfen
- Spaziergänge machen
- in den Wald gehen
- Wasserski fahren
- lokale Feste besuchen
- sich in der Natur befinden
- Vieh auf der Wiese beobachten
- neue Bekanntschaften schließen
- Schweine füttern
- Volkslieder lernen
- angeln

## D Mit Sprache spielen

25 **a** *Jetzt wird spielend wiederholt. Machen Sie eine Schlange mit allen Substantiven oder/und Verben zum Thema „Messe".*

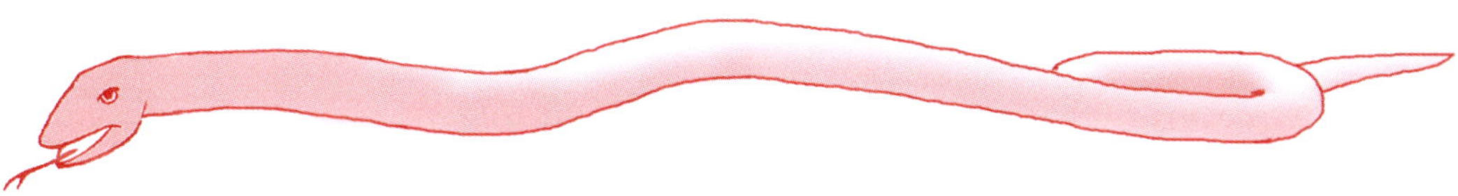

25 **b** *Machen Sie selbst ein Domino-Spiel mit den Komposita aus dem Messeplan.*

**Beispiel**

| | Messe- | | -katalog | |
|---|---|---|---|---|

**26** *Lösen Sie das Kreuzworträtsel mit Hilfe der Erklärungen unter Waagerecht.*

**Waagerecht:**

1 darin kann man alle Werbematerialien eines Reisebüros finden
2 daraus kann man etwas für sich wählen
3 Bestandteil von jedem Katalog
4 ITB ist ein Beispiel dafür
5 darin kann man Messetermine nachprüfen
6 damit kann man jede Firma auf der Messe finden
7 Prospekte, Flugblätter, Aufkleber, usw.
8 Platz, wo sich eine Firma auf der Messe präsentiert

| | | | | | | | | | | | | | | | |
|---|---|---|---|---|---|---|---|---|---|---|---|---|---|---|---|
| | | | M | E | | | | | | P | P | E | | | |
| | | | | | A | | G | E | | | | | | | |
| | | | | P | R | | | | L | | | T | | | |
| | F | A | | | | | | | | | | | | | |
| M | | S | S | | K | | | | | D | | | | | |
| | | M | | | | | | | T | A | L | | | | |
| | | | W | | R | B | | | | | | R | I | A | L |
| | | | | | | | S | T | | | D | | | | |

## E Koffer

### Visualisieren und präsentieren
### Umgang mit dem Overheadprojektor

So gehen Sie vor:
- Wichtiges unterstreichen.
- Wichtiges mit Symbolen, Rahmen, Piktogrammen deutlich machen.
- Wenig Text – groß schreiben.
- Gedrucktes vergrößern.
- Farben verwenden; jedoch kein Rot, Gelb oder Hellgrau.
- OHP nicht zu nahe an die Leinwand, das verkleinert das Bild.
- Einen Stift, Zeigestock oder Laserpoint benutzen, um etwas zu zeigen.
- Nur den Text zeigen, über den man gerade spricht; den Rest mit Papier abdecken.

**Zum Schluss: Immer um Fragen, Kritik, Ergänzungen bitten!**

**Symbole**

**Rahmen**

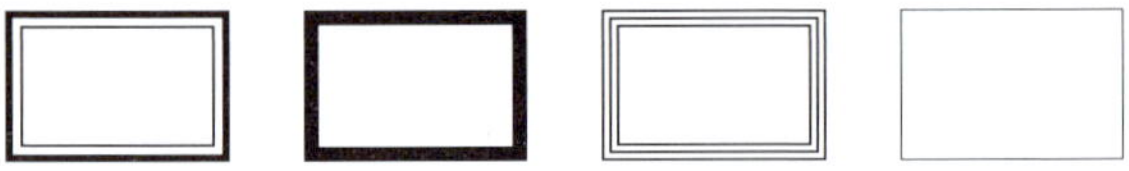

**Piktogramme**

*Gestalten Sie bei einer Seite:*

die Überschrift — die Themen/Unterthemen
den Rand — die Platzaufteilung

# Tourismus und Weinbau

## Einstieg
## Die Weinstadt Stuttgart

Der Weinbau hat in Stuttgart eine jahrhundertlange Tradition. Wein machte den Reichtum der Stadt aus. Nachgewiesen ist er erstmals für das Jahr 1108: Damals schenkte Mönch Ulrich dem Kloster Blaubeuren einige Weinberge, seit 1236 sind Menge und Güte der jährlichen Lesen überliefert.
Doch wurde Wein an den Hängen Stuttgarts wohl schon lange vorher angebaut. Namen wie „Cannstatter Zuckerle", „Stuttgarter Mönchhalde", „Uhlbacher Götzenberg", „Untertürkheimer Mönchberg" oder „Stuttgarter Kriegsberg", gereift in Deutschlands zweitgrößtem Weinbaugebiet, sind weit über die Landeshauptstadt hinaus ein Begriff.
Verkauft wurde der Wein größtenteils über den Ratskeller. Nach dem 2. Weltkrieg schlug 1949 die Geburtsstunde des Weinguts der Stadt Stuttgart, das zu 67 Prozent Rotweine anbaut. Den größten Anteil daran hat mit 40 Prozent der Trollinger, gefolgt vom Spätburgunder, Dornfelder, Lemberger, Muskat-Trollinger und Saint Laurent. Bei den Weißweinen entfallen 26 Prozent auf Riesling. Weitere Sorten sind Müller-Thurgau, Kerner und Traminer. Aufgrund der vorzüglichen Lagen kann stets ein großer Anteil an Prädikatsweinen erzeugt werden. In Tank und Fass lagern bis zu 270 000 Liter Wein, im städtischen Flaschen- und Auslieferungslager in der Sulzerrainstraße 24, neben dem Mineralbad Cannstatt, 300 000 Flaschen.
In jedem Jahr bestätigen zahlreiche Auszeichnungen bei Landes- und Bundesweinprämierungen die Qualität der städtischen Weine. Besonders hochwertige Qualitäten werden in Sonderflaschen als Stuttgart-Präsente abgefüllt: 1,5 Liter Magnum-Fernsehturmflasche oder 0,75 Liter Rössle-Wappenflasche.

**a** *Überfliegen Sie den Text und schreiben Sie alle Namen von Weinen heraus, die etwas mit Stuttgart und seiner Umgebung zu tun haben.*

**b** *Schreiben Sie alle Rebsorten heraus:*

der Trollinger, ..........................................................................................................

**c** *Ordnen Sie die Weine nach Rot und Weißweinen und geben Sie an, wie viel Prozent sie ausmachen:*

**Rotweine:** ..........................................................................................................

**Weißweine:** ..........................................................................................................

**d** *Machen Sie Angaben zur Menge.*

# A Anbaugebiete und Weinstraßen in Deutschland

**1** **a** *Sehen Sie sich die Karte der deutschen Weinbaugebiete an und ergänzen Sie die Tabelle.*

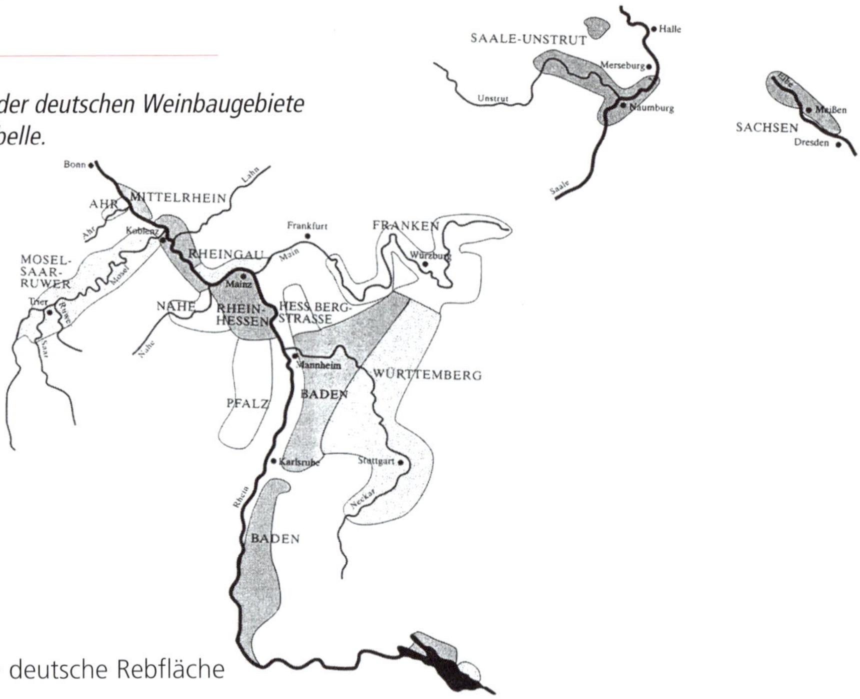


Seit Generationen ist die gesamte deutsche Rebfläche in **13 Anbaugebiete** unterteilt.

| **Anbaugebiet** | **Rebfläche in ha** | **Rebsorten in %** | **besondere Aspekte / bekannte Städte oder Flüsse in der Nähe** |
|---|---|---|---|
| **Ahr**<br>Riesling, Spätburgunder, Portugieser | 500 | 65% Rotweine | Anbaugebiet mit dem höchsten Anteil an Rotweinen<br>.............................................. |
| **Baden**<br>Spätburgunder, Grauburgunder | 15 000 | 80% Weißweine | südlichstes Gebiet<br>.............................................. |
| **Franken**<br>Silvaner, Müller-Thurgau | 6 000 | 99% Weißweine | berühmt für seine Silvaner<br>.............................................. |
| **Hessische Bergstraße**<br>Riesling, Müller-Thurgau | 450 | 99% Weißweine | berühmte Weinfeste<br>.............................................. |
| **Mittelrhein**<br>Riesling, Müller-Thurgau, Spätburgunder | 570 | 99% Weißweine | höchster Riesling-Anteil<br>.............................................. |
| **Mosel-Saar-Ruwer**<br>Riesling, Müller-Thurgau, Elbling | 12 500 | 100% Weißweine | besonders rassige Rieslinge<br>.............................................. |
| **Nahe**<br>Riesling, Müller-Thurgau, Silvaner | 4 600 | 99% Weißweine | „Deutschlands Weinprobierstübchen"<br>............*Nahe*............ |
| **Rheingau**<br>Riesling, Müller-Thurgau, Spätburgunder | 3 200 | 96% Weißweine | weltberühmte Rieslinge<br>.............................................. |

| Anbaugebiet | Rebfläche in ha | Rebsorten in % | besondere Aspekte / bekannte Städte oder Flüsse in der Nähe |
|---|---|---|---|
| **Rheinhessen**<br>Riesling, Müller-Thurgau, Silvaner | 23 500 | 96% Weißweine | größtes Anbaugebiet<br>........................................... |
| **Rheinpfalz**<br>Riesling, Müller-Thurgau, Portugieser, Dornfelder | 23 340 | 85% Weißweine | Sortenvielfalt;<br>Deutsche Weinstraße<br>........................................... |
| **Württemberg**<br>Riesling, Trollinger, Schwarzriesling | 11 300 | fast 50% Rotweine | Literflaschen besonders beliebt<br>........................................... |
| **Saale-Unstrut**<br>Müller-Thurgau, Weißburgunder, Silvaner | 620 | 90% Weißweine | nördlichstes Anbaugebiet<br>...........*Naumburg*................ |
| **Sachsen**<br>Müller-Thurgau, Weißburgunder | 410 | 90% Weißweine | östlichstes und kleinstes Anbaugebiet<br>........................................... |

1 **b** *Beschreiben Sie die deutschen Weinbaugebiete mit Hilfe der Informationen in der Tabelle und der Karte: Beachten Sie den Aufbau einer solchen Beschreibung:*
**Name des Gebietes, geografische Lage, Rebfläche, Rebsorten, evtl. besondere Aspekte.**

**Fangen Sie so an:**
Das Anbaugebiet Nahe liegt an der Nahe, hat eine Rebfläche von ungefähr 4 600 Hektar und produziert 99% Weißwein.

**LernTipp**

Informationsverarbeitung ist eine wichtige Schlüsselqualifikation und besteht aus der Versprachlichung von Tabellen, Diagrammen, Übersichten und Bildern.

2 *Erläutern Sie das Verhältnis zwischen Rot- und Weißweinen in den deutschen Anbaugebieten, sowie die Beziehung zwischen Anbaugebiet und der entsprechenden Rebfläche in Hektar.*

**Beispiel:** Das Anbaugebiet der Ahr umfasst 500 ha und ist somit kleiner als der Rheingau, der 3 200 ha umfasst.

3 *Im Internet werden alle Weinbaugebiete beschrieben. Suchen Sie ein Weinbaugebiet heraus und stellen Sie es den anderen vor. Denken Sie an die Tipps zum Visualisieren und Präsentieren (siehe Koffer Lektion 3 und 5).*

4 *Das Reisebüro „kommunikativ reisen" möchte in seinem nächsten Katalog und auf der Homepage Weinseminare aufnehmen, und Sie sollen im Rahmen Ihres Praktikums dafür ein Programm entwerfen. Denken Sie dabei an so wichtige Punkte wie Jahreszeit (Weinlese) und kulturelle Attraktionen. Am besten arbeiten Sie zu zweit.*

## Weinbaugebiete in Europa

5 *Sie hören jetzt eine Radiosendung zu den Weinbaugebieten in einigen europäischen Ländern. Bitte lesen Sie zuerst zu jedem Abschnitt die Aussagen. Hören Sie dann die Informationen und prüfen Sie: Habe ich das gehört, Ja oder Nein?*

**JA / NEIN**

### I. Europa

☐ ☐ **1** Der Weinbau wurde von den Türken eingeführt.

☐ ☐ **2** Im 18. und 19. Jahrhundert wurden viele Reben von der Reblaus aufgefressen.

☐ ☐ **3** Europa gehört zu den Hauptweinerzeugern der Welt.

### II. Frankreich

☐ ☐ **1** Schon 1932 wurde die AOC-Regelung (Appellation d'origine controlée) eingeführt.

☐ ☐ **2** Auch in Frankreich zerstörte die Reblaus im 18. Jahrhundert die Reben.

☐ ☐ **3** Ein Viertel der französischen Weinproduktion kommt aus dem Languedoc-Roussillon.

### III. Tschechien

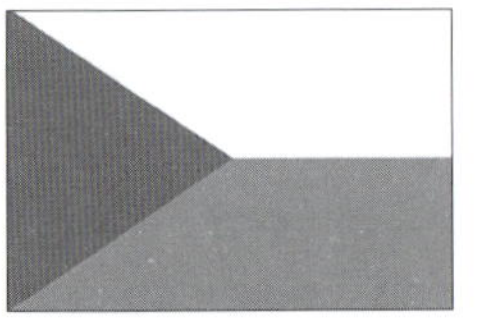

☐ ☐ **1** Tschechien hat den zweitgrößten Bierkonsum der Welt.

☐ ☐ **2** Die größte Rebfläche befindet sich an den Hängen der Elbe.

☐ ☐ **3** Bekannte Rebsorten sind Müller-Thurgau und Rheinriesling.

### IV. Ungarn

☐ ☐ **1** Ungarn hat 22 offiziell registrierte Anbaugebiete.

☐ ☐ **2** Der Tokaj ist wahrscheinlich das älteste Weinanbaugebiet Ungarns.

☐ ☐ **3** Allein am Balaton (Plattensee) gibt es drei Weinbaugebiete.

### V. Ukraine

☐ ☐ **1** Es gelten immer noch die alten sowjetischen Weingesetze, die zwischen ordinären und Markenweinen unterscheiden.

☐ ☐ **2** Die Produktionsmenge von süßem Rotwein ist sehr groß.

☐ ☐ **3** In den Weinbaugebieten fallen die Temperaturen im Winter bis -30°.

### VI. Slowakei

☐ ☐ **1** Der interessanteste Rotwein des Landes ist der Tokajer.

☐ ☐ **2** Der Großteil wird in den kleinen Karpaten und um Bratislava angebaut.

☐ ☐ **3** Die gewürzten Weine werden unter der Marke „Primat“ verkauft.

### VII. Österreich

☐ ☐ **1** In Österreich werden viele offene Weine erzeugt.

☐ ☐ **2** Im Burgenland entwickeln sich dank des Klimas sehr süße Weine.

☐ ☐ **3** Die Lieblingstraube der Österreicher ist der Grüne Veltliner.

**JA / NEIN**

**VIII. Schweiz**

☐ ☐ **1** Jeder Kanton erzeugt seinen Wein.

☐ ☐ **2** Alle Weine aus dem Gebiet „Neuchâtel" heißen einfach „Neuchâtel".

☐ ☐ **3** In der Schweiz gibt es die höchsten Weinberge Europas.

## B Weine eindecken und empfehlen

6 **a** *Sehen Sie sich die Aufstellung der Gläser an und ergänzen Sie den Text unten.*

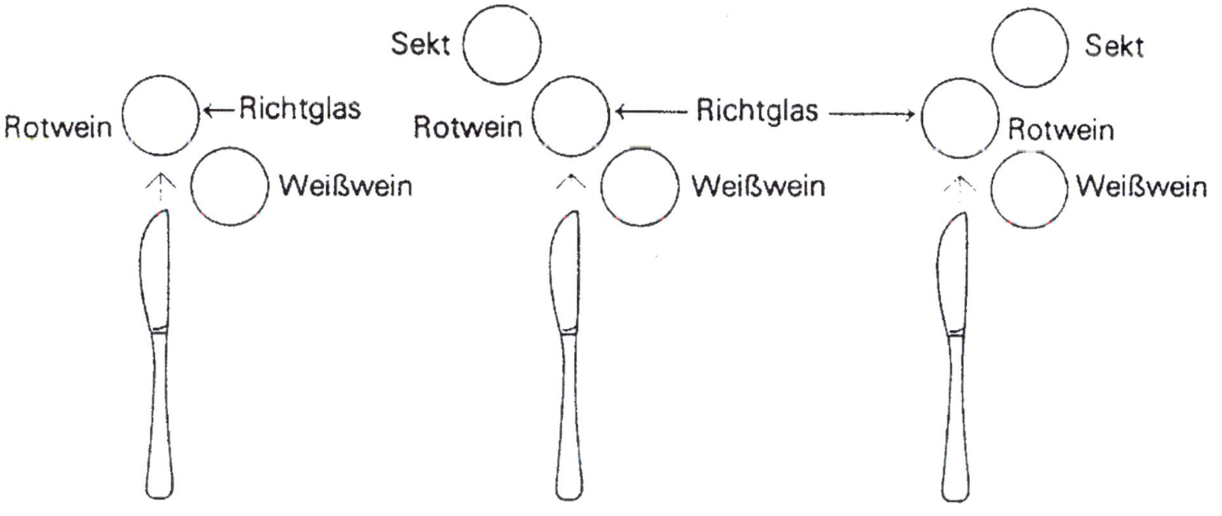


Wird nur ............................. Glas eingedeckt, steht dieses oberhalb der Messerspitze. Sind mehrere Gläser erforderlich, so bezeichnet man das Glas, das oberhalb der Messerspitze steht, als ............................. . Beim Aufstellen von ............................. Gläsern und beim Aufstellen von Gläsern in Reihenstellung steht meist das Rotweinglas direkt über der Messerspitze. Bevorzugt man die gefälligere Dreieckstellung, steht ebenfalls das ........................... über der Messerspitze.

6 **b** *Bilden Sie Dialoge.*

**Beispiel:** **A** Wo kommt das Glas hin, wenn man nur eins eindeckt?
**B** Wenn nur ein Glas eingedeckt wird, steht es oberhalb der Messerspitze.
*oder:* Wenn du nur ein Glas eindecken sollst, dann musst du es oberhalb der Messerspitze stellen.

**In der Weinflasche stehen die Merkmale der Weine und im Glas steht, wie man Weine empfiehlt.**

## Im Restaurant

Dazu empfehle ich Ihnen einen .........
Ich würde Ihnen einen ......... empfehlen!
Ich kann ..................
Dieser Wein passt sehr gut zu .........
Probieren Sie doch mal einen .........
Nehmen Sie dazu einen ...................
Wie wär's mit ..................

*Darf ich Ihnen nachschenken?*
*Wohl bekomm's!*
*Auf Ihr Wohl!*

***Weine sind .....***

| | |
|---|---|
| jung | aromatisch |
| leicht | herb |
| blumig | kräftig |
| ausgereift | trocken |
| würzig | voll |
| reif | halbtrocken |
| schwer | mild |
| erdig | spritzig |
| alt | lieblich |
| abgerundet | süß |
| bukettreich | |

7 *Sie hören jetzt 10 Empfehlungen. Tragen Sie beim ersten Hören das Verb ein, beim zweiten Hören Adjektive oder Substantive, die den Wein charakterisieren.*

| Weine | Verben | Adjektive, Substantive |
|---|---|---|
| Cuvée aus Piemont | | |
| Cabernet Sauvignon | _ | |
| Merlot | | |
| Tokajer | | erlesen, delikat, strohgelbe Farbe, grünlicher Schimmer, ................................................ |
| Pinot gris | | |
| trockener Riesling | | |
| Beerenauslese | | |
| Cuvée Barrique | duften nach | |
| Pfälzer Riesling | | |
| Biowein | | |

8 *Schreiben Sie dann kleine Dialoge und spielen Sie diese. Empfehlen Sie den richtigen Markenwein. Hilfen finden Sie in C Güteklassen und Rebsorten.*

**Beispiel:**
Gast: Welchen Wein empfehlen Sie uns denn zu diesem Rehbraten?
Ober: Sie haben Wild gewählt? Da würde ich Ihnen einen Cahors 1998 aus der Domaine Pierre Seche empfehlen. Der passt ausgezeichnet zu Wildbret.

# C Güteklassen und Rebsorten

info

**Güteklassen**

Für deutsche Weine gibt es drei Güteklassen.

1. **Deutscher Tafelwein:** mindestens 8,5% Alkohol
   **Deutscher Landwein:** gehobener Tafelwein mit einem für eine bestimmte Region typischen Charakter
2. **Qualitätsweine bestimmter Anbaugebiete (Q.b.A.):** müssen aus einem bestimmten Anbaugebiet stammen und charakteristische Merkmale aufweisen
3. **Qualitätsweine mit Prädikat:** über Q.b.A.-Weinen liegende Güteklasse
   **Kabinett:** leichter Wein mit längerer Reifezeit
   **Spätlese:** erst später, also nach der allgemeinen Lesezeit geerntet
   **Auslese:** nur vollreife Trauben
   **Beerenauslese:** überreife, edelfaule Beeren
   **Trockenbeerenauslese:** rosinenartig eingeschrumpfte, edelfaule Beeren
   **Eiswein:** vor der Lese gefroren, darum konzentrierter Most

9 *Bitte kreuzen Sie an, was richtig ist. Mehrfachantworten sind möglich.*

**Deutscher Tafelwein**

- ☐ Er ist ein gehobener Landwein; d. h. er hat eine bessere Qualität als Tafelwein.
- ☐ Er gehört zur niedrigsten Güteklasse.
- ☐ Er gehört zu keiner Güteklasse.

**Qualitätswein bestimmter Anbaugebiete**

- ☐ Er wird z. B. am Büntinger Öchselberg in Rheinhessen angebaut.
- ☐ Er ist ein Riesling; sein Merkmal: duftig und blumig.
- ☐ Er kann überall angebaut werden.

**Spätlese**

- ☐ Die Trauben werden erst gelesen, wenn die Hauptlese schon vorbei ist.
- ☐ Die Trauben werden zu spät gelesen und deswegen wird der Wein nicht mehr gut.
- ☐ Sie enthalt die ganze Sonne und Wärme des Herbstes.

**Trockenbeerenauslese**

- ☐ Sie wird ganz spät gelesen.
- ☐ Die Beeren sind schon fast getrocknet und sehen wie Rosinen aus.
- ☐ Aus den Trockenbeeren werden nur die besten ausgelesen.

**Eiswein**

- ☐ Die Trauben werden nach dem ersten Frost geerntet.
- ☐ Er wird mit Eis serviert.
- ☐ Davon gibt es zu wenig.

**Die Rebsorten**
Die Rebsorte ist für den Charakter eines Weines etwa gleichbedeutend mit den vererbten Anlagen für den Charakter eines Menschen. Die Weine unterscheiden sich hauptsächlich durch die typischen Merkmale der jeweiligen Rebsorte. Doch Klima und Boden bewirken darüber hinaus, dass Weine der gleichen Rebsorte je nach Anbaugebiet sehr unterschiedlich schmecken können. Es soll mehr als 8000 Rebsorten geben, und immer wieder werden neue Sorten gezüchtet.

**10** *Lesen Sie die folgenden Aussagen und kreuzen Sie an, ob die Aussagen über die Rebsorten stimmen, Ja oder Nein.*

| | | JA | NEIN |
|---|---|---|---|
| **A** | Wie beim Menschen kann man auch vom besonderen Charakter einer Rebsorte sprechen. | ☐ | ☐ |
| **B** | Die gleiche Rebsorte schmeckt in allen Anbaugebieten gleich | ☐ | ☐ |
| **C** | Die Weine unterscheiden sich durch ihre typischen Merkmale, das Klima und die Böden. | ☐ | ☐ |
| **D** | Obwohl es schon mehr als 8 000 Rebsorten gibt, werden immer neue Sorten gezüchtet. | ☐ | ☐ |

**Wir stellen Ihnen jetzt die wichtigsten deutschen Rebsorten vor.**

## Weißweine

### SILVANER

in Deutschland eine
der wichtigsten Rebsorten

saftige Traube,
die einen milden,
säurearmen Wein liefert

früh reifende Traube

### SCHEUREBE

eine Neuzüchtung und Kreuzung
aus Silvaner und Riesling

benannt nach dem Leiter der
Landesanstalt für Rebzüchtung in
Alzey, Herrn Georg Scheu

duftiger Wein mit würzigem Bukett

### Gewürztraminer

würzigster aller Tafelweine

reift früh

hat ein besonderes Aroma und
Bukett, man spricht von Rosenduft

Spezialität im Elsass

### RIESLING

ist die edelste Weißweinsorte
der Welt

hat den deutschen Wein
berühmt gemacht

produziert kleine Beeren,
die sehr spät reifen

edler, rassiger Geschmack

duftiger und blumiger Wein

### Kerner

eine Neuzüchtung aus Trollinger
und Riesling der Staatlichen Lehr-
und Versuchsanstalt für Wein-,
Obst- und Gemüseanbau
Weinsberg durch August Herold

benannt nach dem Arzt und
Dichter Justinus Kerner

(1786-1862)

der lange in Weinsberg lebte

gehaltvoll, fruchtig, rassig

## Rotweine

**BLAUER SPÄTBURGUNDER**

die edelste Rotweinsorte;

beste Qualität

rubinfarben

schmeckt mild und fruchtig

wird in allen deutschen Anbaugebieten gepflanzt

reift spät

wurde aus Burgund eingeführt, dort bekannt als Pinot Noir

(Blauer)
**Portugieser**

stammt nicht aus Portugal

neutraler Tischwein von hellroter Farbe

reift sehr früh und stellt keine hohen Ansprüche an Boden und Klima

ist bei geringem Ertrag fruchtig und kann jung getrunken werden

**11**

**a** *Stellen Sie in Partnerarbeit gegenseitig Fragen zu den Güteklassen und den verschiedenen deutschen Rebsorten:*

- Herkunft der Reben
- Reifezeit
- Farbe und/oder Geruch und/oder Geschmack

**11**

**b** *Wählen Sie zwei Rebsorten (rot oder weiß) aus, die Sie auf einer Weinmesse in Ihrem Land Herrn .............. „schmackhaft" machen. Beginnen Sie so:*

„Guten Tag, Herr ................................! Herzlich willkommen an unserem Stand! Haben Sie schon einmal den ................................ probiert? Wussten Sie schon, dass ................................?"

Weitere Informationen zum Thema Wein bekommen Sie, wenn Sie die folgenden Webseiten anklicken:

http://www.deutscheweine.de
http://zum-wohl-die-pfalz.de
http://www.wein-plus.de
http://www.wein.com

**info**

**Rebsorten in anderen Ländern**

**Frankreich:** Cabernet Sauvignon, Merlot, Pinot Noir, Pinot Blanc, Sauvignon Blanc, Chardonnay

**Ungarn:** Bikavér, Leányka, Somló, Aszú, Kadarka, Pinot Noir, Cabernet, Tokajer, Olasz-Riesling

**Italien:** Chianti, Piemont, Nebbiolo, Pinot Noir, Cabernet, Traminer, Riesling, Sauvignon, Bardolino, Soave

**Tschechien:** Müller Thurgau, Frankovka, Modrý Portugal, Rulandské Bílé, Svatovavřinecké, Veltlínské Zelené, Ryzlink Rýnský, Sauvignon

**Slowakei:** Tokajer, Cabernet Sauvignon, Mosler, Ryzlink, Chardonnay, Müller-Thurgau, Tramín

**Ukraine:** Cabernet Sauvignon, Chardonnay, Pinot Noir, Pinot Gris, Riesling

# D Das Etikett – die „Geburtsurkunde des Weines"

**12** **a** *Lesen Sie den folgenden Text und ergänzen Sie die Lücken mit den Wörtern aus dem Kasten.*

Weinortes – Alkoholgehalt – Prozenten – Erzeugerabfüllung – Jahrgang – Qualitätsstufe – Anbaugebietes – Rebsorte – Abfüller – Herkunftsbezeichnung – amtliche Prüfungsnummer – Lage – Geschmacksangabe

**1** Jedes Etikett muss die Bezeichnung des .......................................... tragen, aus dem der Wein stammt, z.B. aus Rheinhessen oder Baden. Das ist die ................................................ .

**2** Qualitätsweine können auch den Namen des ........................................ oder der ................................ tragen.

**3** Wenn 85% eines Weines aus der Ernte des Jahres stammen, steht der ......................................... auf der Flasche.

**4** Wenn 85% des Weines aus einer Rebsorte bereitet sind, dann steht die ................................ auf dem Etikett, z.B. Riesling oder Weißherbst.

**5** Auch die ...................................................... steht hier, z.B. trocken, lieblich.

**6** Unter der Rebsorte steht meistens die ............................................... .

**7** Der ........................................ muss in ..................................... auf dem Etikett angegeben werden.

**8** Alle deutschen Qualitätsweine müssen sich einer Qualitätsprüfung unterziehen. Erst dann dürfen sie die ...................................................... (A.P.) führen. Das deutsche Weingesetz ist das strengste in der Welt.

**9** Weine aus den eigenen Weinbergen des Winzers oder aus einer Winzergenossenschaft tragen die Bezeichnung „..........................................". Kellereien und andere Lieferanten tragen die Bezeichnung „................................................".

**12** **b** *Sehen Sie sich das Etikett an und tragen Sie die obigen Bezeichnungen ein.*

**12** **c** *Arbeiten Sie jetzt zu dritt. Jede/r beschreibt mit Hilfe des Etiketts die Geburtsurkunde eines Weines. Benutzen Sie die Hilfen im Sprachbaukasten. Bringen Sie auch andere Etiketten mit.*

anbauen – stammen aus – den Namen eines Weinortes / einer Großlage tragen – sich handeln um – sprechen von – bezeichnen als – angeben – die amtliche Prüfungsnummer führen – als ........ kennzeichnen

## Die Sprache des Etiketts

**Ungarn**

**Aszú:** entspricht der deutschen Auslese: überreife, zum Süßen des Tokajers gelesene Trauben
**Szamorodni:** wörtlich: wie er kommt, d.h. ein nicht mit Aszú verbesserter Tokajer, der somit mehr oder weniger trocken ist
**Minőségi bor:** Wein bester Qualität
**Borkülönlegesség szőlőgazdaságának:** Spezialität aus den Weinbergen des Bezirks
**Asztali bor:** Tafelwein
**Kímert bor:** einfacher Wein
**Palackozott:** abgefüllt
**Fehér:** weiß
**Vörös:** rot
**Édes:** süß
**Habzó:** schäumend

**Frankreich – Burgund**

**Climat:** Einzellage
**Commune oder Finage:** Gemarkung
**Récolte:** Jahrgang
**Grand Cru oder Tete de Cuvées:** ein Spitzengewächs mit eigener Appelation Controlée
**Premier Cru:** die zweite Stufe der burgundischen Lagenbewertung
**Mise** (oder **Mise en bouteilles**) **du** (oder **au**) **Domaine:** Weingutabfüllung
**Mise par le propriétaire oder par la propriété:** Erzeugerabfüllung
**Mise dans nos caves:** Kellereiabfüllung (nicht unbedingt in der Kellerei des Erzeugers)
**Négociant-Eleveur:** Händler, der erstjährigen Wein beim Erzeuger aufkauft oder ihn in eigener Kellerei verschneidet und weiter reifen lässt
**Monopole:** Weinbergslagen im Alleinbesitz
**Propriétaire-Récoltant:** Weingutbesitzer und Erzeuger
**Villages:** aus ausgewählten Gemeinden in der genannten Region

**13** *Die deutschen Anbaugebiete werden immer nach* ***Daten und Fakten*** *beschrieben. Tragen Sie die Oberbegriffe* ***Rebsorten – Ertrag – Böden – Rebfläche – Betriebsstruktur – Geografische Lage – Klima*** *in die Beschreibung ein.*

**Daten und Fakten**
**Das Weinbaugebiet Rheinpfalz**

....................................: Ein geschlossener Rebgürtel von 6–10 km Breite erstreckt sich entlang der Bergrücken der Haardt und des Pfälzer Waldes über eine Länge von 80 km. Er beginnt südlich von Worms und endet an der Grenze zum Elsass.

....................................: Viel Sonnenwärme und eine mittlere Jahrestemperatur von 11° C ergeben ein gemäßigtes Klima, das ideal für den Weinbau ist.

....................................: Von Buntsandstein bis zu eingestreuten Muschelkalk-, Granit-, Porphyr- und Schiefertoninseln weist das Gebiet eine Vielfalt auf, die würzige, gehaltvolle Weine hervorbringt.

....................................: Die größte in sich geschlossene Weinbaufläche Deutschlands umfasst 22 609 ha, aufgeteilt in 2 Bereiche, 25 Großanlagen und 328 Einzellagen.

....................................: Knapp ein Viertel der Weißweinproduktion bestreitet der Müller-Thurgau (5 209 ha). Ihm folgen der Riesling (3 749 ha), der Kerner (2 524 ha) und der Silvaner (1 875 ha). Folgende Sorten haben ebenfalls in der Rheinpfalz eine besondere Bedeutung im Reb-Sortiment: Morio-Muskat (1 458 ha), Scheurebe (1 356 ha) und die Rotweinsorte Portugieser (1 853 ha).

....................................: Es werden im langjährigen Mittel 2,3 Mio. hl Most erzeugt, das sind 25% der Produktion in Deutschland.

....................................: In der Rheinpfalz sind zwei Drittel Nebenerwerbs- und ein Drittel Vollerwerbsbetriebe. Rund 25% der Traubenernte werden von Winzergenossenschaften aufgenommen. Mehr als 30% werden von Weingütern und Winzern vermarktet. Der Rest wird von Weinkellereien übernommen.

## E Mit Sprache spielen

**1** Im Quartettspiel (Karten zum Herunterladen unter www.fraus.com) finden Sie zwei Quartette zum Thema Wein.

> DER GRÖSSTE FEIND
> DES MENSCHEN,
> IST UND BLEIBT
> DER ALKOHOL.
> DOCH IN DER BIBEL
> STEHT'S GESCHRIEBEN,
> DU SOLLST AUCH DEINE
> FEINDE LIEBEN!

**2** Was sagt der Hausarzt dazu?

# F Koffer

## Umgang mit Karten, Farben und Schrift

### So gehen Sie vor:

- Auf braunes Packpapier kann man gut mit Filzstiften schreiben oder verschiedene Karten anpinnen, diese später umhängen und anders zuordnen.
- Auf rechteckige Karten (10 x 20 cm) passen gut drei Zeilen. Das zwingt zur präzisen Fassung eines Gedankens.
- Ovale Karten eignen sich für stichwortartige Ideensammlungen.
- Rechteckige Streifen eignen sich für Themenüberschriften und Leitfragen.
- Farben werden nach Möglichkeit nicht zufällig gewählt.
- Weiß ist ein guter Kontrast zu Schwarz und eignet sich für alles, was gut lesbar sein soll.
- Gelb, grün und orange sind helle, relativ neutrale Farben; sie helfen dem Betrachter, sich auf die Inhalte zu konzentrieren.
- Der Wechsel von Farben und Formen hat immer eine Bedeutung und dient dazu, Aussagen zu kategorisieren.
- Die Schriftgröße für eine gute Lesbarkeit beträgt ca. 2,5 cm, für Überschriften 30 mm. Nicht nur Großbuchstaben verwenden. Das erschwert die Lesbarkeit.

CHÂTEAU VALTICE
auvignon
1999
VALTICKÉ ZÁMECKÉ
Rulandské šedé
VINNÉ SKLEPY VALTICE
VALTICKÉ ZÁMECKÉ
Svatovavřinecké
VINNÉ SKLEPY VALTICE

# Bewerbung

## Einstieg
## Anforderungen an junge Mitarbeiter in der Tourismusbranche

**a** *Welche Anforderungen und Erwartungen werden in den folgenden Anzeigen an die Bewerber gestellt? Was wird den Bewerbern geboten? Notieren Sie.*

**ARBEIT IST ZU WICHTIG,**
**UM KEINEN SPASS ZU MACHEN**

Die Vita Classica in Bad Krozingen ist eine Wellnesseinrichtung mit einzigartigem Konzept. Als Quelle der Erholung für Körper und Geist verbindet sie ein vielseitiges Angebot rund um Fitness, körperliche Aktivität und Therapie mit der fernöstlichen Idee ganzheitlicher Harmonie. Um die Qualität dieses Angebots zu sichern, suchen wir

**KOCH / KÖCHIN**
**zur Festanstellung**

**BOUTIQUE-VERKÄUFERIN**
**als Teilzeitkraft**

Wir erwarten beste Umgangsformen sowie freundliches und sicheres Auftreten. Sie werden im Team arbeiten und gemeinsam für den reibungslosen Ablauf der Ihnen übertragenen Aufgaben sorgen. Sie arbeiten in wechselnden Schichten, auch an Wochenenden. Wir bieten Ihnen eine interessante Bezahlung, Sondervergünstigungen wie ein 13. Gehalt, Sonntags- und Nachtzuschläge.

Außerdem bieten wir Ihnen die kostenlose Nutzung aller Einrichtungen der Vita Classica. Nähere Informationen erhalten Sie telefonisch ab Donnerstag 9.00 Uhr.

**Vita Classica**
**Markus Matz**
Herbert-Hellmann-Allee 12
79189 Bad Krozingen
Telefon: 07633 40 08 0

VITA CLASSICA
BAD KROZINGEN

Victoria Jungfrau

sucht
per Mitte September oder nach Vereinbarung eine fachlich versierte Persönlichkeit als

**Verantwortliche PR & Kommunikation**

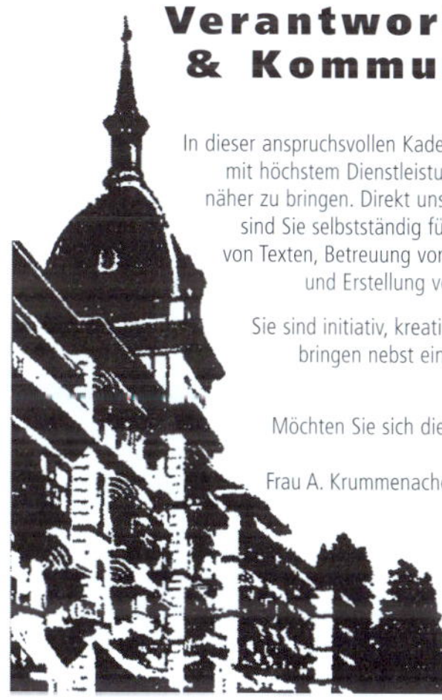

In dieser anspruchsvollen Kaderposition gilt es, ein einzigartiges Hotelprodukt mit höchstem Dienstleistungsangebot den Medien und der Öffentlichkeit näher zu bringen. Direkt unserem Direktor Marketing + Verkauf unterstellt, sind Sie selbstständig für die gesamte PR im In- und Ausland (Erstellen von Texten, Betreuung von Journalisten usw.), Koordination der Werbung und Erstellung von Druckunterlagen/Prospekten verantwortlich.

Sie sind initiativ, kreativ, sprachgewandt (D, E, F), zirka 30 Jahre jung, bringen nebst einer fundierten Ausbildung bereits Erfahrung mit und arbeiten gerne selbstständig.

Möchten Sie sich dieser nicht alltäglichen Herausforderung stellen?

Frau A. Krummenacher, Personalchef, freut sich auf Ihre Bewerbung.

Grand Hotel VICTORIA-JUNGFRAU
CH-3800 Interlaken
Direktwahl-Telefon 036 27 36 77

Member of The Swiss Leading Hotels

Der Reiseberater/Koch / die Hotelfachassistentin/Kellnerin ........................ sollte ........................................................................................................................................ .

Das Reisebüro/Hotel/Restaurant bietet: ........................................................................................................................................ .

In dieser Lektion lernen Sie, sich selbst, Ihre Stärken und Schwächen richtig einzuschätzen, wie man eine Bewerbung und einen Lebenslauf schreibt, wie man sich per Telefon erkundigt, ob die Bewerbung angekommen ist und wie man sich auf ein Vorstellungsgespräch vorbereitet.

## A Selbsteinschätzung

**1** *Bewerber wirken überzeugend (am Telefon, im Anschreiben und im Vorstellungsgespräch), wenn sie ein gesundes Selbstbewusstsein zeigen und wissen, was sie wollen und können. Vor der Bewerbung hilft deshalb eine bewusste Einschätzung der eigenen Stärken und Schwächen. Die Tabelle enthält Aussagen über Eigenschaften, Fähigkeiten und Talente. Überprüfen und bewerten Sie diese Aussagen für sich selbst.*

| | | stimmt haargenau | teils teils | das sehe ich nicht so |
|---|---|---|---|---|
| Aufgeschlossenheit | Ich höre Menschen gern zu, die eine ganze andere Auffassung haben als ich. | | | |
| Ausgeglichenheit | Ich bin schwer aus der Ruhe zu bringen. | | | |
| Lernbereitschaft | Ich lerne gern. | | | |
| Selbstständigkeit | Ich bin unabhängig. | | | |
| Selbstvertrauen | Ich weiß, was ich kann. | | | |
| Verschwiegenheit | Ich kann Sachen für mich behalten. | | | |
| Zielstrebigkeit | Alles ist möglich, wenn ich es will. | | | |
| Auffassungsvermögen | Ich begreife alles sehr schnell. | | | |
| Entscheidungsfreude | Ich entscheide mich schnell und leicht. | | | |
| Eigeninitiative | Ich ergreife viele Initiativen. | | | |
| Risikobereitschaft | Ich gehe Risiken ein. | | | |
| Anpassungsfähigkeit | Ich passe mich leicht an. | | | |
| Hilfsbereitschaft | Ich helfe immer gern. | | | |
| Kompromissbereitschaft | Ich bin bereit, Kompromisse zu schließen. | | | |
| Kontaktfähigkeit | Ich schließe leicht neue Kontakte. | | | |
| Kritikfähigkeit | Ich lasse mir auch mal sagen, dass ich etwas falsch gemacht habe. | | | |
| Aufmerksamkeit | Ich kann gut zuhören. | | | |
| Ausdauer | Ich gebe nicht auf. | | | |
| Ordnungssinn | Egal was ich mache, bei mir muss Ordnung herrschen. | | | |
| Zuverlässigkeit | Auf mich kann man sich verlassen. | | | |

2 *Befragen Sie sich gegenseitig. Ihr Partner hat die Liste mit den Eigenschaften und Fähigkeiten und stellt Ihnen Fragen. Wechseln Sie sich ab.*

**Beispiel:** **A** Denkst du, dass du zuverlässig bist?
**B** Ich denke, dass man sich in allen Situationen auf mich verlassen kann.

## B Bewerbung

### Übersicht über die Bewerbungsschritte

3 *Ergänzen Sie in der Übersicht über die Bewerbungsschritte die fehlenden Schlüsselwörter.*

**1** Anlaufstellen
**2** Bewerbungsunterlagen: Bewerbungsbrief, Lebenslauf, auf Anfrage Zeugnisse
**3** Mögliche Firmenantworten: Zusage, Absage bzw. Abwarten
**4** Vorstellungsgespräch

Im ........................................ beginnen die Deutschen jede Zeile am linken Rand (=linksbündig), rücken die Abschnitte also nicht ein. Sogar die Adresse bleibt links (auch die Briefumschläge haben das „Fenster" links). Tippen Sie Ihren Brief im Blocksatz.

Ein deutscher ........................... .................... (CV) ist immer tabellarisch. Bitte denken Sie an ein Lichtbild (=Foto) guter Qualität, Datum und Unterschrift.

Zu den .................................... gehören im allgemeinen auch Zeugniskopien und gegebenenfalls Bescheinigungen über bereits absolvierte Praktika.

..............................................: Interessieren Sie sich für die Geschichte und Produkte der Firma. Begründen Sie, warum Sie sich bei dieser Firma bewerben.

### Wie finde ich ein Praktikum?

Bei der Industrie- und Handelskammer (IHK), bei den Tourismusverbänden und Hotelketten in Ihrem Land und in Deutschland, Österreich und der Schweiz finden Sie umfangreiche Firmenlisten, geordnet nach Branchen oder geographisch. Normalerweise gibt es da auch die Broschüre: **„Wer liefert was?"** und die vom BDI (Bundesverband der Deutschen Industrie) herausgegebene Broschüre **„Deutschland liefert"**.

Weitere Anlaufstellen:

**www.job.de** **www.stellenanzeigen.de** **www.jobticket.de**
**www.europages.de** **www.wiwo.de** **www.stepstone.de**

Sie können auch direkt die Homepage z. B. Ihres Wunschhotels eingeben.

## Bewerbungsunterlagen

Zu einer Bewerbung gehören Lebenslauf und Anschreiben. Im folgenden zeigen wir Ihnen, wie ein Anschreiben aufgebaut sein sollte.

## Bewerbungsbrief/Anschreiben

**4** *Jean-Pierre Dupont aus Guebwiller bewirbt sich um ein Praktikum bei dem Reisebüro „kommunikativ reisen" in Bernbär. Benutzen Sie die folgenden Textbausteine zur Erstellung seines Anschreibens.*

Warschauer Platz
D-12345 Bernbär

12, rue d'Alsace
68 500 Guebwiller

(Unterschrift)

Anlagen:

Sehr geehrte Damen und Herren,

Zeugnisse

**Bewerbung um ein Fachpraktikum im Sommer 20....**

Besten Dank im Voraus für Ihre Bemühungen.

„kommunikativ reisen"

Lebenslauf mit Lichtbild

Jean-Pierre Dupont

Über eine positive Antwort würde ich mich sehr freuen und stehe Ihnen für weitere Informationen jederzeit zur Verfügung.

Während meines Praktikums würde ich gerne in einem Team arbeiten, das sich mit der deutschen Unternehmenskultur im Hotelwesen befasst.

Ich bin es gewohnt, selbstständig und verantwortlich Aufgaben zu übernehmen. Ich studiere im dritten Jahr an einer Hotelfachschule.

Da ich im Dreiländereck Schweiz, Frankreich, Deutschland aufgewachsen bin, spreche ich gut Deutsch (ZD, ZMP, ZDfB oder B2/C1 des GERR). Englisch ist meine zweite Fremdsprache, Italienisch die dritte.

Letztes Jahr habe ich in den Sommerferien ein Praktikum im Hotel Savoy in Düsseldorf gemacht.

Dabei machte ich auch erste Erfahrungen in allen Servicebereichen, sogar in der Küche.

hiermit bewerbe ich mich um ein Praktikum vom 1. Juli bis 30. September 20.... in Ihrer Firma.

Guebwiller, 1. Februar 20....

Neuen Sachverhalten gegenüber bin ich sehr aufgeschlossen.

Mit freundlichen Grüßen

Personalabteilung

Tel.: ..................................

Umfassende Kenntnisse in den einschlägigen Computerprogrammen eignete ich mir während eines zweimonatigen Praktikums bei Kontiki Reisen an.

## Lebenslauf

**5** **a** *Ordnen Sie die Inhalte aus dem Schüttelkasten der jeweiligen Kategorie zu:*

Ferienjobs – Bescheinigungen über außerberufliche Tätigkeiten – Betriebssysteme – Familienstand – E-Mail Adresse – Muttersprache – Name – Fremdsprachen (Niveau entsprechend dem Europäischen Referenzrahmen, Sprachprüfungen und Auslandsaufenthalte) – Führerschein – Geburtsdatum und -ort – Heimatadresse – Hobbys – Lichtbild (Foto) – Vereinsaktivitäten – Praktika – Programmierung – Schulabschluss (Note, Schwerpunkte) – Telefonnummer – Software-Anwendung – Staatsangehörigkeit – (Name, Ort) – Grundschule/Gymnasium (Name und Ort der Schule) – Ausbildung (Name und Branche der Firma, Ausbildungsberuf)

| Kategorien | Inhalte |
|---|---|
| Persönliche Daten | |
| Bildungsweg: Schulen | |
| Berufliche Ausbildung und eventuell Erfahrung | |
| Sprachkenntnisse | |
| EDV-Kenntnisse | |
| Sonstige Kenntnisse | |

**5** **b** *Schreiben Sie jetzt einen tabellarischen Lebenslauf.*

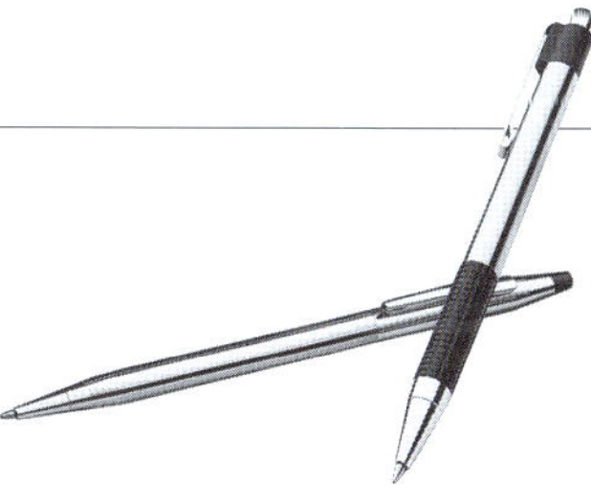

## Telefonisch nachfragen

**6** *Nach vier Wochen, wenn Sie noch immer keine Antwort auf Ihr Bewerbungsschreiben bekommen haben, sollten Sie beim Reisebüro anrufen und nachfragen. Ein Spickzettel hilft, das Gespräch richtig aufzubauen. Damit Sie nicht ins Stottern geraten oder verstummen, sollten Sie so viel wie möglich vorformulieren.*
*Hier finden Sie einige*

### Vorschläge

- Formulieren Sie, wie Sie sich vorstellen wollen.
- Legen Sie Ihr Bewerbungsschreiben und Ihren Lebenslauf bereit.
- Notieren Sie die Fragen, die Sie Ihrem Gesprächspartner stellen möchten (bei einer Zusage und bei der Absage).
- Überlegen Sie, welche Zusatzfragen zu Ihrem Lebenslauf gestellt werden könnten.
- Legen Sie Notizblock und Bleistift für Notizen bereit.

### Redemittel

den Personalchef sprechen
mit einer Zusage rechnen
eine Bewerbung schicken
mit der Personalabteilung verbinden
keine Antwort bekommen
sich um die Hotelsekretärinnenstelle bewerben
das Vorstellungsgespräch

**7** *Arbeiten Sie zu zweit, entwickeln Sie ein solches Telefongespräch und spielen Sie es dann.*

### Mögliche Firmenantworten

Die Firmen können direkt mit einer Zusage bzw. Absage reagieren oder lediglich den Eingang der Bewerbung bestätigen, was für Sie ein Abwarten bedeutet. Solche Briefe enthalten oft feststehende Redewendungen.

**8** *Ordnen Sie die folgenden Ausdrücke und Redemittel im Schüttelkasten einer der drei Kategorien zu:*

Leider müssen wir Ihnen mitteilen ........................... .
Wir freuen uns sehr ........................... .
Wir wünschen Ihnen alles Gute für Ihren weiteren Lebensweg.
In der Anlage schicken wir Ihnen Ihre Unterlagen zurück.
In der ersten Woche müssen Sie unbedingt folgende Unterlagen mitbringen: ........................... .
Momentan ist es uns nicht möglich, eine endgültige Entscheidung zu treffen.
Bitte haben Sie Verständnis dafür, dass die Bearbeitung Ihrer Unterlagen einige Zeit in Anspruch nimmt.
Ihre Bewerbung hat unser Interesse geweckt, allerdings ........................... .
Ihr Profil entspricht unseren Vorstellungen und deshalb bieten wir ........................... .
Ihre Bewerbungsunterlagen wurden in die entsprechende Abteilung weitergeleitet.

| Zusage | Absage | Abwarten |
|---|---|---|
| | | |

9 *Nehmen Sie an, dass Sie auf eine der Anzeigen ein Bewerbungsschreiben erhalten haben. Formulieren Sie Zusage-, Absage- oder Abwartebriefe.*

**LernTipp**

Bewerbungen per E-Mail sind wesentlich weniger formell: Adressat, Absender, Datum sind ja bereits automatisch gegeben und auch für den eigentlichen Text ist die Form viel weniger streng, aber folgende Fehler sollten Sie nicht machen:
- den Betreff ungenau oder gar nicht angeben
- den Adressaten duzen
- schreiben, dass man eine Antwort sofort erwartet
- Anrede und/oder Gruß vergessen
- falsche oder zu saloppe Anrede, wie „Hallo" benutzen

Ganz wichtig in einer E-Mail:
**die Reihenfolge:** E-Mail-Bewerbungen werden schnell gelesen und schnell weggeklickt,
**deshalb:** das Wichtigste zuerst.

So etwa sieht ein „E-Mail-Kopf" aus:

An: Personalabt@amphenol.de
Von: jpdupont@hotmail.com
Cc:
Bcc:
Betreff: Bewerbung um ein Fachpraktikum
Anlage: Lebenslauf

**10** *Frau Mücke hat sich vor einigen Wochen bei der Firma Visconti Reisen schriftlich um eine Stelle beworben und bis jetzt keine Antwort erhalten. Deshalb fragt sie heute telefonisch nach, wie es mit der Bewerbung steht. Monika Ullrich hat sich um eine Stelle im Hotel Vierländereck beworben. Auch sie fragt telefonisch nach.*
*Hören Sie die Telefonate und tragen Sie die Informationen ein.*

| | Frau Mücke | Frau Ullrich |
|---|---|---|
| Firma | ............................... | ............................... |
| Stelle | ............................... | ............................... |
| Datum der Bewerbung | ............................... | ............................... |
| Zusage/Absage | ............................... | ............................... |
| Grund | ............................... | ............................... |

## C Vorstellungsgespräch

Manchmal braucht die Firma zusätzliche Informationen; unter anderem möchte sie wissen, wie gut Ihre Deutschkenntnisse sind und bittet deshalb um ein Vorstellungsgespräch. Dieses kann am Telefon stattfinden oder Sie werden persönlich in die Firma eingeladen und bekommen dann in der Regel die Reisekosten erstattet.

**11** **a** *Hören Sie das Vorstellungsgespräch zwischen Jean-Pierre Dupont und Herrn Müller. Alle Aussagen sind richtig. Welche haben Sie gehört? Kreuzen Sie an.*

**1 Was erfahren Sie über den Studienort?**
**A** Guebwiller liegt im Elsass und ist ein sehr bekannter Weinort.
**B** An der Hotelfachschule in Guebwiller studieren 420 Studenten und Studentinnen.

**2 Welche praktischen Erfahrungen hat er gemacht?**
**A** Er hat ein Praktikum im Hotel Savoy in Düsseldorf gemacht.
**B** Dort hat er auch in der Küche gearbeitet.

**3 Was erwartet er von dem Fachpraktikum?**
**A** Er möchte die deutsche Unternehmenskultur im Hotelwesen kennen lernen.
**B** Er möchte seine Deutschkenntnisse verbessern.

**4 Was sind seine Stärken und Schwächen?**
**A** Arbeiten in der Gruppe ist eine seiner Stärken.
**B** Seine Stärke ist, dass er jung ist.

**5 Welche Informationen bekommt er von der Firma?**
**A** Es gibt ein Wohnheim in der Nähe des Unternehmens.
**B** Die Praktikumsvergütung beträgt 50 € pro Woche.

**11** **b** *Hören Sie das Vorstellungsgespräch noch einmal.*

**1** Was erfahren wir über das Studium? (Studienort, Studienfach)

.....................................................................................................................................

**2** Welche praktischen Erfahrungen hat er gesammelt?

.....................................................................................................................................

**3** Welche Erwartungen hat er an das Fachpraktikum?

.....................................................................................................................................

**4** Welche Stärken und Schwächen nennt er? (3 Angaben)

.....................................................................................................................................

**5** Welche Informationen bekommt er von der Firma? (3 Angaben)

.....................................................................................................................................

**Vorstellungsgespräch**
Sie wollen im Vorstellungsgespräch Ihren Gesprächspartner davon überzeugen, dass Sie der ausgeschriebenen Aufgabe gewachsen sind. Aber: ein Vorstellungsgespräch ist ein Austausch wissenswerter Informationen. Also stellen auch Sie Fragen, damit Sie anschließend besser entscheiden können, ob Sie bei diesem Unternehmen in dieser Position arbeiten möchten.

**12** *Spielen Sie mit Ihrem Partner ein Vorstellungsgespräch. Die beiden Listen von Fragen helfen Ihnen dabei.*

**Ihre Fragen:**
- Was wird von mir erwartet?
- Welche Schwerpunkte hat meine Arbeit?
- Wie lange dauert meine Einarbeitungszeit?
- Wie werde ich auf meine neue Arbeit vorbereitet?
- Welche Weiterbildungsmöglichkeiten bietet die Firma an?
- Wie sieht die Firmenphilosophie aus?

**Die Fragen Ihres Gesprächspartners:**
- Bitte nennen Sie uns wichtige Punkte aus Ihrem Lebenslauf.
- Was wissen Sie über unser Unternehmen?
- Warum haben Sie sich gerade bei uns beworben?
- Warum wollen Sie die Stelle wechseln?
- Wo liegen Ihre Stärken?
- Was tun Sie / Wie reagieren Sie, wenn Sie sich ungerecht behandelt fühlen?
- Was machen Sie in Ihrer Freizeit?
- Wo liegen Ihre Interessen/Hobbys?

**Hier noch einige Tipps:**

- Den Gesprächspartner immer ausreden lassen.
- Blickkontakt halten.
- Nie fragen: „Wie sind meine Chancen?"
- Interesse für die Firma zeigen.

**Fragen stellen wie:**

- Ist das der Gründer der Firma da auf dem Bild?
- Ist das ein neues Produkt?
- Ist das die neue Werbestrategie Ihrer Firma?
- Ist das Ihr neues Logo?

**Und nun viel Glück und Erfolg bei Ihren Bewerbungen!**

## D Mit Sprache spielen

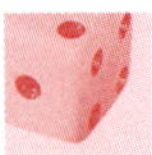

**Dominospiel:**

*Die Regeln für das Dominospiel finden Sie in Lektion 2.*

| | | | |
|---|---|---|---|
| suchen | ein Praktikum | zusammenstellen | ein Praktikum |
| beenden | einen Antrag | sich bewerben um | eine Zusage |
| stellen | ein Formular | bekommen | eine Absage |
| ausfüllen | Unterlagen | erhalten | einen Termin für ein Vorstellungsgespräch |
| anfordern | einen Personalbogen | vereinbaren | ein Telefongespräch |
| ausfüllen | Informationsmaterial | sich vorbereiten auf | ein Vorstellungs-gespräch |
| anfordern | einen Betrieb | führen | eine Zusage |
| auswählen | Unterlagen | warten auf | Praktikumsangebote im Internet |

## E Koffer

### 1. Tipps für eine perfekte Bewerbung

1 Machen Sie immer eine Kopie der Unterlagen, die Sie verschicken.

2 Speichern Sie Ihre Daten auf Festplatte und Diskette, damit Sie immer eine Sicherheitsdatei haben.

3 Legen Sie sich eine Mappe an, in der Sie alle Kopien und wichtigen Informationen sammeln. Es wird sicher irgendwann eine Situation geben, bei der Sie gerne darauf zurückgreifen.

4 Achten Sie genau darauf, welche Anlagen in der Stellenanzeige verlangt werden. Wenn irgend etwas fehlt, landet Ihre Bewerbung im Papierkorb.

5 Verwenden Sie nie ein Foto aus dem Automaten, gehen Sie zum Berufsfotografen. Er weiß, welches Bild gut wirkt.

### 2. Projektarbeit

Das Wort „Projekt" kommt aus dem Lateinischen „proicere" und bedeutet „entwerfen". Lernen in Projekten heißt, seine Fach-, Methoden- und Sozialkompetenz zu benutzen und mobiler, kreativer und kritikfähiger zu werden.

**! Merkmale:**

1 Jedes Projekt hat zum Ziel, für eine große, umfangreiche Aufgabe eine Lösung zu finden.

2 Im Projekt gehören Praxis und Theorie zusammen.

3 Die Teilnehmer sollen möglichst selbstständig das Projektthema wählen, planen, durchführen und analysieren.

4 Ein Projekt wird immer in der Gruppe durchgeführt.

5 Der Lehrende ist Mitglied in der Gruppe. Er berät, macht Mut, muss darauf achten, dass der rote Faden nicht verloren geht.

6 Alle Entscheidungen werden demokratisch getroffen; der Lehrende hat ein Vetorecht.

7 Die Gruppe beurteilt selbst ihr Projekt.

**Schritte für ein Projekt**

1 das Thema finden und festlegen

2 Projektziele definieren

Ziele des Projektes festlegen – wie erreichen?

3 das Projekt planen:

wieviel Zeit? – in der Unterrichtszeit oder zu Hause? – was im Unterricht, was draußen? – welche Themen und Unterthemen? – wer macht was? – wer macht den Arbeitsplan mit genauen Zeitangaben? – welche Methoden: Brainstorming, Mind-Maps, Interviews, Charts/Schaubilder? – Ergebnisse und Präsentationsformen: Plakat, Wandzeitung, Moderation mit Metaplan, Radiosendung, Interviews; Auswertung: Diskussionsrunde?

4 das Projekt durchführen:

Zwischentermine einhalten – Zwischenergebnisse vorlegen – den Lehrer um Hilfe/Korrektur bitten – – Kompromisse finden

5 das Projekt beenden:

Präsentation und Abschlussaktion planen – über das Ergebnis reflektieren – über Probleme während des Projektes sprechen – Verbesserungsvorschläge machen

6 das Projekt bewerten:

entscheiden, ob und wie das Projekt bewertet wird – Bewertungskriterien vorher fest- und offenlegen.

# Quellenverzeichnis

### Quellenverzeichnis der Texte und Abbildungen

S. 10 Lied „Caffee“: Melodie und Text: Karl Gottlieb Hering (1766–1853)
S. 11 Foto: Karel Brož
S. 12 Texte und Logo „Ringhotels“: Ringhotels-Service-Zentrale. www.ringhotelsweb.de
S. 13 Text und Foto „Ringhotelkette Karlsruhe“: Ringhotels-Service-Zentrale. www.ringhotelsweb.de
S. 19 Gedicht „Windgriff“: H. M. Enzensberger: Gedichte 1955-1970, st. 4: Frankfurt: Suhrkamp Verlag 1971
S. 19 Foto: Archiv des Verlags FRAUS
S. 21 Foto: Karel Brož
S. 22 Foto: Karel Brož
S. 23 Foto: Archiv des Verlags FRAUS
S. 26 Foto: Karel Brož
S. 27 Foto: Archiv des Verlags FRAUS
S. 27 Text „Hotelanmeldung“: www.swissotel.de
S. 31 Foto: Archiv des Verlags FRAUS
S. 32 Foto: Archiv des Verlags FRAUS (2x)
S. 34 Text „Telefax“: www.swissotel.com
S. 35 Foto: Archiv des Verlags FRAUS
S. 36 Foto: Archiv des Verlags FRAUS
S. 37 Foto: Archiv des Verlags FRAUS
S. 38 Foto: Karel Brož
S. 39 Foto: Archiv des Verlags FRAUS
S. 40 Foto: Karel Brož
S. 41 Foto: Karel Brož
S. 44 Interview: Elke Matt; Cheftrainerin des Österreichischen Hotelverbandes Wien. Seminarmaterialien für Polen 1994
S. 44 Foto: Archiv des Verlags FRAUS
S. 45 Text „Gästefragebogen“: www.swissotel.com
S. 48 Text „Warum ist Herr Freundlich ein so guter Empfangschef?“: Nach „Warum ist Herr Novák als Chef so beliebt?“. Mit freundlicher Genehmigung der Autorin Gabriele Schmincke
S. 49 Foto: Archiv des Verlags FRAUS
S. 50 Diagramm „Verteilung der Arbeiten im Küchenbereich“: Grüner; Metz: Der junge Koch. Haan: Fachbuchverlag Pfannenberg $^{29}$2000
S. 53 Foto: Archiv des Verlags FRAUS
S. 54 Tabelle „Nitrate“: Ch. Needon: Obst und Gemüse. Herkunft, Anbau, Zubereitung. Leipzig: Verlag für die Frau 1980
S. 56 Foto: Archiv des Verlags FRAUS
S: 57 Foto: Archiv des Verlags FRAUS
S: 58 Foto: Archiv des Verlags FRAUS
S. 59 Foto: Archiv des Verlags FRAUS
S. 61 Foto: Archiv des Verlags FRAUS
S. 62 Zeichnung: Josef Pospichal
S. 65 TOP SHOTS 2001, SCHWEIZ – SWISSE – SWITZERLAND
S. 66 Foto: www.dillardhouse.com
S. 67 Foto: www.austinconventioncentex.com
S. 69 Speisekarte: Peters Brauhaus GmbH & Co., Mühlengasse 1, 50667 Köln
S. 70 Foto: Archiv des Verlags FRAUS (2x)
S. 72 Text und Abbildung: „Eindecken von Gläsern“: Grüner; Metz: Der junge Koch. Haan: Fachbuchverlag Pfannenberg $^{29}$2000
S. 72 Foto: Karel Brož
S. 73 Foto: Archiv des Verlags FRAUS
S. 74 Foto: Archiv des Verlags FRAUS
S. 77 Foto: Alexander Vacek
S. 78 Foto: Archiv des Verlags FRAUS
S. 79 Rezept „Zaubertrank“: Deutsches Rotes Kreuz (Hrsg.): Probier's mal ohne Alkohol. Rezeptbuch für Alkoholfreie Getränke.

# Quellenverzeichnis

| | |
|---|---|
| S. 81 | Ansichtskarte „Getränke des Nordens": Decar D, Rheinstraße 7, Dörflingen |
| S. 83 | Foto: Pavel Brejcha |
| S. 85 | Foto: Karel Brož |
| S. 86 | Text „Dr. Tigges": www.DrTigges.de |
| S. 86 | Text „tpm-Reisebüro": www.diemuenchner.de/tpm_reisebuero |
| S. 86 | Text „Arten von Reisebüros": D. Lévy-Hillerich u.a.: Kundenkontakte im Reisebüro. PWN Warschau 1995 |
| S. 87 | Text „Besuch im virtuellen Reisebüro": Olaf Krohn: DBmobil 9/2001, S. 53 |
| S. 87 | Text „Wolters Reisen": www.wolters-reisen.de |
| S. 87 | Text „Studiosus UrlaubsCenter": www.studiosus.com |
| S. 88 | Text „Im Reisebüro": D. Lévy-Hillerich u.a.: Kundenkontakte im Reisebüro. PWN Warschau 1995 |
| S. 88 | Foto: Archiv des Verlags FRAUS |
| S. 89 | Foto: Archiv des Verlags FRAUS |
| S. 90 | Foto: Archiv des Verlags FRAUS |
| S. 91 | Foto: Karel Brož (3x) |
| S. 92 | Stellenanzeige „Elch oder Elchin": www.kontiki.ch |
| S. 92 | Stellenanzeige „Traumjob": Mit freundlicher Genehmigung des Geschäftsführers Herrn Hirter. Imagine Bern. |
| S. 93 | Stellenanzeige „Reiseberater": Reisebüro W. Müller & Co. AG, Steinenvorstand 33, CH-4002 Basel |
| S. 99 | Foto: Karel Brož, Archiv des Verlags FRAUS |
| S. 100 | Text „Buchung": D. Lévy-Hillerich u.a.: Kundenkontakte im Reisebüro. PWN Warschau 1995 |
| S. 103 | Text „Kommunikationsabläufe": Silvia Serena: Handelskorrespondenz in der Unterrichtspraxis". Universität Bocconi, Mailand |
| S. 106 | Foto: markc.free.fr/markstravelogue/italy/venice.htm |
| S. 107 | Gedicht „Reisewörter": Mit freundlicher Genehmigung der Autorin Tilde Michels. |
| S. 107 | Text „Mindmapping": Mogens Kirchhoff: Einführung in eine kreative Arbeitsmethode. Offenbach: GABAL [11]1997 |
| S. 109 | Foto: Pavel Brejcha |
| S. 112 | Texte „Lust auf Natur"; „Das Viabono-Gütesiegel für Tourismus"; „Sanfte Alternativen": Deutschland, 1/2002, S. 64 |
| S. 114 | Text „Einladung zur Messe": Schimmel Reisen GmbH, 67137 Neuhofen |
| S. 116 | Zeichnung: Josef Pospíchal |
| S. 117 | Foto und Texte „Harzer Verkehrsverbund": www.harzinfo.de |
| S. 118 | Foto: Archiv des Verlags FRAUS |
| S. 119 | Foto: Bohdan Štěrba |
| S. 121 | Foto: Archiv des Verlags FRAUS |
| S. 123 | Text „Die Weinstadt Stuttgart": Wein und Stein am Neckartal: http://www.felsengartenkellerei.de |
| S. 123 | Foto: Monika Veldenz-Dunne |
| S. 124 | Karte „Anbaugebiete": Grüner; Metz: Der junge Koch. Haan: Fachbuchverlag Pfannenberg [29]2000 |
| S. 127 | Abbildung: „Eindecken von Gläsern": Grüner; Metz: Der junge Koch. Haan: Fachbuchverlag Pfannenberg [29]2000 |
| S. 130 | Foto: Archiv des Verlags FRAUS |
| S. 131 | Foto: Etikett – Weingut Gerd Knebel, Bachstraße 39, 56 333 Winningen, Flaschen – Karel Brož |
| S. 133 | Text „Die Sprache des Etiketts": Hugh Johnson; Jancis Robinson: Der Weinatlas, Hallwag Verlag 2002. Neue Auflage |
| S. 133 | Zeichnung: Josef Pospíchal |
| S. 134 | Text „Daten und Fakten": Hugh Johnson; Jancis Robinson: Der Weinatlas, Hallwag Verlag 2002. Neue Auflage |
| S. 136 | Foto: oben – Luxembourg Tourist Office London, Marc Theis; Weinkeller – Landesverkehrsamt Luxemburg; links unten, rechts unten – Schweiz Tourismus/swiss-image.ch; Flaschen – Karel Brož |
| S. 137 | Stellenanzeige „Koch/Köchin": VITA CLASSICA THERME. www.vitaclassica.de |
| S. 137 | Stellenanzeige „Verantwortliche PR & Kommunikation": Grand Hotel VICTORIA-JUNGFRAU. CH-3800 Interlaken. |
| S. 137 | Foto: Archiv des Verlags FRAUS |
| S. 142 | Zeichnung: Josef Pospíchal |
| S. 143 | Foto: Archiv des Verlags FRAUS |
| S. 144 | Foto: Archiv des Verlags FRAUS |
| S. 146 | Logo: www.deraghotels.de |
| S. 147 | Foto: Archiv des Verlags FRAUS |
| S. 148 | Foto: Archiv des Verlags FRAUS |

Der Verlag FRAUS dankt dem Hotel Victoria (Pilsen) für die Unterstützung beim Fotografieren in seinen Räumen (Aufnahmen auf S. 11, 21, 22, 26, 38, 40, 41, 72).